LEÇONS D'HYGIÈNE

PROFESSÉES

AUX ÉLÈVES DU LYCÉE BLAISE PASCAL

DE CLERMONT-FERRAND

Par le Docteur GRANDCLÉMENT (d'Orgelet)

Licencié ès-Sciences Mathématiques, Physiques et Naturelles
Chargé du Service de Santé au Lycée
Officier de l'Instruction publique. — Membre de plusieurs Sociétés savantes

Orandum est ut mens sana sit in corpore sano
(JUVÉNAL.)

CLERMONT-FERRAND
DUCROS-PARIS, IMPRIMEUR, LIBRAIRE ET LITHOGRAPHE
Rue Saint-Genès, 5

1872

LEÇONS D'HYGIÈNE

LEÇONS D'HYGIÈNE

PROFESSÉES

AUX ÉLÈVES DU LYCÉE BLAISE PASCAL

DE CLERMONT-FERRAND

Par le Docteur **GRANDCLÉMENT** (d'Orgelet)

Licencié ès-Sciences Mathématiques, Physiques et Naturelles
Chargé du Service de Santé au Lycée
Officier de l'Instruction publique. — Membre de plusieurs Sociétés savantes.

Orandum est ut mens sana sit in corpore sano.
(JUVÉNAL.)

CLERMONT-FERRAND
TYP. DUCROS-PARIS, LIBRAIRE ET LITHOGRAPHE, RUE SAINT-GENÈS, 5

1872

LEÇONS D'HYGIÈNE

PREMIÈRE LEÇON.

De l'hygiène. — Son but. — Ses moyens. — Des agents atmosphériques, au point de vue de leur influence sur la santé. — Air. — Lumière. — Chaleur. — Électricité. — Sécheresse. — Humidité. — Vents. — Altérations principales de l'air. — Climats. — Endémies. — Épidémies.

Messieurs,

Son Excellence le Ministre de l'Instruction publique m'a chargé de vous faire quelques leçons sur l'hygiène.

C'est, probablement, la première fois que plusieurs d'entre vous entendent prononcer ce mot. N'allez pas croire que ce soit une étude très-difficile. Un peu d'attention et de bon-sens, voilà toutes les forces que vous aurez à mettre en jeu.

L'hygiène est une science ou plutôt un ensemble de préceptes que tout le monde doit connaître. Elle est utile à l'ouvrier des champs autant qu'à celui qui travaille dans les villes, dans les ateliers, dans les usines ; et voici qui est directement à votre adresse, elle est encore plus utile à ceux qui exercent les professions qu'on appelait autrefois libérales, sans omettre, bien entendu, ceux auxquels les hasards de la fortune ont créé des loisirs. Qu'est-ce donc que l'hygiène ? Messieurs, c'est tout simplement l'art de conserver sa santé et, plus souvent encore, l'art de la rétablir sans le secours de la médecine, dans la plupart des circonstances où l'on a eu le malheur de la voir s'altérer.

Comme toutes les choses dont nous jouissons sans effort et sans peine, la santé est un bien qui n'est réellement apprécié que lorsque nous l'avons perdu. Il n'y a que les malades qui en connaissent réellement la valeur.

D'après mon appréciation, Messieurs, (ce n'est ici, je dois le dire, qu'une manière de voir toute personnelle). Je suis persuadé, que par suite de la facilité avec laquelle nous nous affranchissons des prescriptions de l'hygiène, nous mourons, pour le plus grand nombre, de mort prématurée.

Et cela pour deux causes : la première, c'est que nos parents n'ont pas suivi à notre égard, quand nous étions au berceau, les règles qui doivent présider à l'éducation physique de la première enfance; la seconde, c'est que devenus hommes, autant par manque de courage que par ignorance, nous n'ayons fait aucun cas des sages prescriptions de l'hygiène.

Pour donner à ses préceptes une autorité indéniable, incontestée, la science, dont je vais vous entretenir, appelle à son secours presque toutes les autres sciences. Mais elle ne leur emprunte que leurs conclusions, que les faits positivement affirmés. C'est ainsi que la physique, la chimie, l'histoire naturelle, la physiologie lui sont d'un puissant et indispensable secours.

Ces préliminaires posés, voyons quelle méthode il faut suivre pour coordonner les nombreuses questions que nous aurons à traiter. L'Université, en donnant un programme, a considérablément simplifié le travail, laissant d'ailleurs au professeur toute la liberté de ses allures.

La meilleure marche à suivre, à notre sens, est d'observer l'homme dans les différents actes de sa vie organique, intellectuelle et sociale; d'examiner, dans tous ses détails, la conduite de celui qui se porte bien, et d'étudier, de la même manière dans celui qui est malade, quelle a pu être la cause de la maladie, pour chercher les moyens de l'en préserver à l'avenir.

De l'Homme.

L'homme est un être organisé qui ne peut exister, qui ne peut vivre en un mot qu'à la condition de puiser dans le monde extérieur certains matériaux, certaines substances qui lui servent d'aliments. S'il suffisait à l'homme de manger pour bien se porter, les préceptes de l'hygiène ne seraient autres que les règles de l'alimentation. Mais la privation de nourriture n'est pas la seule cause de destruction, il y en a beaucoup d'autres que nous étudierons successivement. Occupons-nous d'abord de ce qu'on entend par aliment. On appelle ainsi, en physiologie, tout ce qui est introduit et assimilé, soit par les organes digestifs, soit par toute autre voie d'absorption et destiné à la production de la chaleur, et à la réparation de nos tissus et des liquides de l'économie.

La partie des matières alimentaires spécialement consacrée à l'entretien de la chaleur animale, devenant inutile sans l'intervention d'un élément qui lui fait subir les transformations nécessaires, cet élément doit être rangé parmi les aliments, qui dès lors, peuvent présenter les trois formes, solide, liquide, gazeuse. L'aliment gazeux est le plus indispensable, puisque l'homme, pas plus que les animaux, ne peut en suspendre l'usage pendant quelques minutes, sans être exposé à périr immédiatement. Cet aliment gazeux est l'air atmosphérique dans lequel nous sommes plongés, et qui forme autour de la terre une couche d'une grande épaisseur. L'air se présente donc le premier à notre étude.

De l'Air.

L'air, constitué dans les conditions les plus favorables, est un mélange d'oxygène, d'azote, dans la proportion de 21 à 79, de quelques millièmes d'acide carbonique et d'une quantité variable de vapeur d'eau. Les proportions dans lesquelles ces différents corps entrent dans la composition de l'air, peuvent varier et en modifier les qualités.

L'acte par lequel l'homme introduit l'air dans ses poumons, constitue la respiration. Cette fonction s'accomplit en deux temps: dans le premier, qui est l'inspiration, un certain volume d'air pénètre dans les voies respiratoires; là, au contact médiat de ce gaz, le sang absorbe de l'oxygène, et se débarrasse de l'acide carbonique. Ce premier temps accompli, le second, qui est l'expiration s'effectue à son tour; c'est alors qu'une partie de l'air inspiré est rejetée au dehors avec une quantité variable de vapeur d'eau et d'acide carbonique, gaz impropre à la respiration.

L'atmosphère aurait bientôt perdu une notable partie de son oxygène, et se trouverait viciée par une grande quantité d'acide carbonique, si, a côté des hommes, ne se trouvaient d'autres êtres, les végétaux. Ces derniers absorbent l'acide carbonique et rejettent de l'oxygène. Par cet échange continuellement répété, l'atmosphère se rétablit toujours, quant à sa masse générale, dans les conditions indispensables à la vie des plantes et des animaux. Tout cela n'empêche pas que cet équilibre ne soit rompu localement, dans certaines circonstances. C'est ainsi que l'homme n'est plus dans de bonnes conditions quand il se trouve dans un milieu où l'acide carbonique est en excès.

De là découlent les lois hygiéniques suivantes :

1° Éviter d'accumuler les populations dans un espace trop restreint ; 2° faciliter le renouvellement de l'air dans nos appartements, et cela, avec d'autant plus de rapidité que le personnel est plus nombreux ; 3° multiplier les plantations d'arbres autour de nos habitations ; 4° enfin, éviter de pénétrer dans des lieux où l'on peut craindre une accumulation d'acide carbonique, tels que les caves où l'on fait cuver le vin, les endroits confinés et situés plus ou moins profondément au-dessous du sol.

L'atmosphère éprouve d'autres changements que ceux qui viennent d'être signalés. Ces changements sont de deux sortes : les uns sont permanents, mais avec des intensités variables ; d'autres sont accidentels et passagers.

Les modifications permanentes sont : la lumière, la chaleur, l'électricité, la sécheresse ou l'humidité, les vents. Les changements accidentels ont lieu quand l'air sert de véhicule, de moyen de transport aux émanations des marais, aux vapeurs délétères qui s'échappent des matières organiques en décomposition et de tous les ateliers où s'exercent les arts insalubres. Jusqu'ici, ces émanations ont résisté à tous nos moyens d'investigation, tant sous le rapport de leur composition que sous celui de leur manière d'agir dans la production des maladies. Quelques personnes s'imaginent avoir donné une explication concluante de leur action délétère, en les appelant de leur nom grec, *miasmes*. Mieux vaut avouer notre ignorance sur ce point et chercher les moyens de les neutraliser, ou tout au moins de s'en garantir.

Il faut aborder maintenant l'étude successive des actions que l'atmosphère modifiée peut exercer sur la santé.

Lumière.

Cette première modification de l'air est l'excitant naturel de l'organe de la vue, c'est par elle seule que nous pouvons voir et distinguer les objets. La lumière agit aussi d'une autre façon sur tous les corps organisés. C'est elle qui fonce et brunit la teinte de notre peau dans les parties exposées à son action. C'est sous son influence que les fleurs prennent leurs plus vives couleurs, et que les différentes parties d'une plante deviennent d'un vert plus ou moins foncé. Vous jugerez mieux quelle est l'indispensable influence de la lumière solaire sur la santé par la comparaison suivante: Voyez ces enfants d'une grande ville, que les parents garantissent de l'action du soleil comme d'une chose malfaisante. Il ne faut pas que ces enfants aient la peau noircie. Aussi, ont-ils le teint pâle, les chairs flasques ; ils sont mous, sans énergie, incapables de supporter la plus légère fatigue.

Mettez en regard ces enfants de la campagne qui sortent par tous les temps, se promènent tête nue, à la pluie, au soleil, vêtus, en été, juste ce qu'il faut pour qu'ils ne soient pas nus, aguerris presque en naissant contre le froid et contre la chaleur. Quelle différence de santé. Cependant, les premiers sont nourris avec recherche, ils sont habillés avec un luxe de précautions. Les seconds ne mangent que de la soupe, du pain, du fromage par extra, quelquefois un peu de lard, et boivent de l'eau. Voilà pour le présent.

Voyez les éventualités : si les premiers, avec leur peau fine et délicate, s'exposent à un air vif ou à l'action du soleil, ils sont presque certains d'être malades. Les seconds n'ont rien de semblable à redouter. Concluez. La lumière solaire soit directe, soit diffuse, entretient la santé et fortifie le corps.

Il me reste à dire quelque chose sur la lumière considérée comme excitant de l'œil, et des précautions qu'il faut prendre pour l'exercice de la vue.

Lire à une lumière trop faible fatigue l'organe ; quelques auteurs prétendent que cette habitude conduit à la myopie. Le fait me paraît douteux ; cependant il est certain que la fatigue de l'œil doit finir par l'altérer. Par opposition, une lumière trop vive, agissant plus ou moins longtemps sur la rétine, peut causer des désordres irréparables. Il est donc dangereux d'arrêter les yeux sur le soleil, sur la lumière électrique, sur celle que produit le magnésium en brûlant, en un mot, sur toutes les lumières éblouissantes.

Il s'est introduit dans les habitudes des jeunes gens un usage déplorable, c'est celui de porter un monocle. Il est également imprudent de se servir de lunettes sans nécessité, il ne faut employer ces instruments que lorsqu'on en a besoin, et seulement quand il faut en faire usage et ne pas les porter en permanence sans nécessité. Des recherches sérieuses et conduites avec conscience ont démontré que l'usage du monocle, quelque faible que soit sa puissance, finit par rendre les yeux asymétriques on dû négale porte à l'usage prématuré des lunettes, a conduit à une presbytie anticipée; de plus l'éclairage au gaz, à l'huile, au pétrole, en un mot toutes ces lumières artificielles que nous cherchons à rendre de plus en plus éblouissantes, entrent pour beaucoup dans l'affaiblissement de la vue de ceux qui travaillent à l'aide de ces lumières.

De la chaleur.

L'air agit sur le corps de l'homme par sa température, cependant la sensation de chaleur ou de froid, que l'on éprouve au contact de l'atmosphère, n'est pas en rapport direct avec les indications du thermomètre ; cette sensation dépend de l'état de santé, de l'âge, de l'habitude, et de la température antérieure. C'est ainsi qu'au printemps, nous sommes plus sensibles au froid qui survient après quelques jours de chaleur. En automne, les premiers froids nous paraissent beaucoup plus rigoureux qu'en hiver.

Pour traiter cette question de l'influence du froid sur l'homme, je suis obligé de faire une incursion dans l'histoire naturelle. Quelques auteurs divisent les animaux en deux grandes catégories : 1° les animaux à sang chaud, 2° les animaux à sang froid. J'aime mieux la division suivante : 1° les animaux à température constante, ce sont les animaux à sang chaud ; 2° animaux à température variable, ce sont ceux qu'on a appelés animaux à sang froid. Ces dénominations signifient que les fonctions organiques ne s'exécutent normalement dans le premier groupe, qu'à la condition que la température de leur corps soit toujours la même. Tandis que chez les seconds, cette température peut éprouver des écarts considérables sans que l'animal en souffre et soit exposé à périr.

Chez l'homme, les fonctions organiques ne s'exécutent sans péril et sans souffrance que lorsque la température de son corps est constante et se maintient entre 37° et 38° centigrades. On se demande, alors, comment il se fait que l'homme, qui est disséminé sur toute la surface de la terre, où il se trouve dans des conditions de température si variées et si variables, peut résister, soit au refroidissement, soit à la calorification, et se maintenir dans un état thermométrique constant. Suivant quelques auteurs, la respiration est la cause principale de la chaleur animale; c'est aller un peu trop loin. On pourrait dire, avec autant de raison, que la respiration est la principale source de la nutrition. Car un animal mangeât-il du matin jusqu'au soir, ne pourrait se nourrir, s'il ne respirait pas. Ce qui est positif, c'est que la respiration introduit dans l'organisme un aliment indispensable, sans lequel il ne peut y avoir ni calorification, ni digestion, ni circulation. En effet, la chaleur se produit constamment dans le corps de l'homme sous la double influence de l'air inspiré et des aliments respiratoires, phénomène qui a lieu, non pas exclusivement dans le poumon, comme on le disait d'après Lavoisier, mais dans tout le système artériel.

Dans les pays, où la température n'éprouve que des écarts peu considérables, on n'a presque pas de précautions à prendre pour se mettre à l'abri des accidents que produisent les variations de la chaleur. Il n'en est pas de même dans les localités où il y a tout à la fois des hivers rigoureux et des étés, pendant lesquels, le thermomètre s'élève jusqu'à 30° ou 35° degrés. L'homme qui se trouve dans un milieu de 18 à 20 degrés, est placé dans les meilleures conditions pour n'éprouver aucune gêne, ni du froid, ni de la chaleur. La déperdition de calorique qu'il éprouve pour se mettre en équilibre de température avec le milieu ambiant, est constamment réparée par la calorification intérieure. Mais au delà de ces limites, 18 ou 20 degrés, il doit lutter contre l'élévation de température, et en deçà de ces mêmes limites, 18 ou 20 degrés, il doit lutter contre le refroidissement.

Résistance à la chaleur. — Il est reconnu que la température de notre corps est 37° 5. Ce n'est là qu'un équilibre mobile. Dans l'état de santé, quand nous nous trouvons dans un milieu dont la température est supérieure à 20 ou 25°, la calorification interne tend constamment à l'élever. Alors, l'évaporation, qui se fait par les poumons et par la peau, est la principale cause qui produit le refroidissement.

En admettant que l'eau, répandue dans les mailles de nos tissus se comporte de la même manière que celle qui a servi aux physiciens dans leurs recherches sur la vaporisation, une perte de 100 grammes d'eau par transpiration, enlève au corps une quantité de chaleur capable d'élever 540 grammes d'eau de la température 0°, à 100° centigrades.

Ce n'est là qu'une donnée approximative, les circonstances n'étant pas, dans le cas présent, identiques à celles dans lesquelles se placent les physiciens.

Ce qui précède nous fait voir que, pour se garantir des fatigues de la chaleur, il faut favoriser la vaporisation de l'eau renfermée dans nos organes. On résout le problème : 1° par l'usage des boissons tempérantes, 2° par l'agitation de l'air, 3° en faisant usage de vêtements bons conducteurs du calorique.

Résistance au froid. — Nous éprouvons la sensation du froid quand la température ambiante est inférieure à 15 ou 18° centi. Il y a plusieurs moyens de lutter contre le froid, cela dépend de son intensité, 1° par le vêtement d'abord; il en sera question dans une autre leçon; 2° par l'usage plus ou moins abondant des aliments respiratoires; 3° par l'exercice.

De l'électricité.

L'atmosphère peut être chargée d'une quantité variable d'électricité. Les ouvrages de physique traitent assez amplement de l'action générale de cet agent sur nos organes pour qu'il n'y ait pas lieu d'y revenir ici. Qu'il suffise d'insister sur un détail particulier qui rentre plus spécialement dans le sujet. Le corps de l'homme, étant très-bon conducteur peut, suivant les circonstances, s'électriser positivemement ou négativement. On a cru remarquer que, sous l'influence de l'électricité positive, nous éprouvons une certaine excitation, un bien-être particulier, en un mot, les fonctions organiques se feraient avec plus de facilité et d'harmonie. Au contraire, quand nous sommes électrisés négativement, nous éprouvons un sentiment de faiblesse et d'abattement. C'est ainsi que l'on explique l'état d'accablement dans lequel nous sommes plongés à l'approche de certains orages.

Le moyen de nous garantir de cette influence interne des tempêtes de l'atmosphère est justement celui qui préserve nos demeures des effets de la foudre, le voisinage d'un paratonnerre ou mieux d'un certain nombre de grands arbres, à la condition toutefois de ne pas y chercher un abri, quelle que soit la violence de l'orage, et de ne pas courir comme on est si spontanément porté à le faire pour éviter la pluie. Ce qu'il y a de mieux, c'est de chercher un endroit en contre-bas et de se résigner à être mouillé.

Sécheresse.

Après l'étude de l'action de la chaleur atmosphérique, sans avoir égard à l'état hygrométrique de l'air, il reste à l'examiner sous ce point de vue qui présente à considérer quatre états différents.

1° Air sec
2° Air humide } pouvant être chaud ou froid.

Ce qu'il faut entendre par sécheresse ou humidité de l'atmosphère, par *air sec* et *air humide*, résulte des notions élémentaires de météorologie dont je n'ai pas à m'occuper ici, ne devant en envisager que les effets.

Action de l'air sec et chaud. — Quand l'atmosphère se trouve dans ces conditions, nous éprouvons, suivant l'intensité de ces deux états (chaleur et sécheresse), des phénomènes différents. Quand la sécheresse est considérable, une transpiration abondante nous couvre le corps, l'appétit diminue, la soif devient vive, les tissus se gonflent et la peau se colore d'une teinte rosée. Les précautions à prendre sont : 1° de se mettre à l'abri de l'action directe ou indirecte du soleil ; 2° de rester en repos ; 3° de prendre des boissons fraîches aromatisées avec de l'infusion de café. Dans notre climat, ces circonstances se présentent rarement avec une grande intensité, aussi les moyens de s'y soustraire sont à peu près les mêmes. Mais il y a d'autres précautions à prendre contre les refroidissements subits. Il y aurait du danger à passer, quand le corps est en sueur, dans un milieu relativement froid, de boire en trop grande quantité des liquides glacés. En effet, la peau cessant tout d'un coup de fonctionner, la transpiration pulmonaire devient instantanément plus active, et, de ce surcroît de travail, on comprend, jusqu'à un certain point, qu'il puisse résulter une fluxion de poitrine ou au moins un rhume.

Il faut aussi modifier son régime, en diminuant la quantité des corps gras, et en mangeant plus de légumes frais.

Action de l'air sec et froid. — Dans une atmosphère qui offre ces conditions, les effets ressentis varient avec les individus et le degré d'abaissement de la température. Le froid, par son action physique, contracte et resserre la peau ainsi que ler organes excentriques : tels sont les bras, les jambes, les pieds, les mains. Consécutivement, quand il a un certain degré d'intensité, la circulation est ralentie : de là l'engourdissement et la tendance au sommeil. Si l'on était loin de toute habitation, il y aurait une suprême imprudence à s'abandonner alors au repos : la mort en serait la conséquence fatale.

En dehors de ces accidents, un froid rigoureux peut produire des engelures, des congélations partielles, portant sur le nez, les oreilles, les orteils, comme nos derniers désastres nous en ont fourni de nombreux exemples.

Action de l'air chaud et humide. — Dans ce cas, l'air renfermant moins d'oxygène, la respiration devient laborieuse, la transpiration se fait plus difficilement, la sueur couvre le corps: on est alors sans énergie, lourd, appesanti. Cet état de l'atmosphère active la production des miasmes qui s'échappent des corps organisés en décomposition, des lieux marécageux. C'est le moins favorable à la santé générale ; alors il faut prendre toutes les précautions possibles pour empêcher ces émanations de se produire.

Action de l'air froid et humide. — Dans ces conditions l'air à volume égal renferme moins d'oxygène, ce qui rend la respiration moins efficace. Par le fait de son humidité, les différentes poussières qui en altèrent la pureté sont plus facilement tenues en suspension et constituent une cause d'insalubrité. Enfin l'air humide diminue la perspiration du poumon et de la peau, et enlève par son contact avec notre corps, une grande quantité de calorique; telle est la sensation qu'il produit. La respiration est moins réparatrice : c'est le cas de se vêtir avec soin, d'éviter de se mettre en contact avec l'atmosphère.

Des vents.

Les vents agissent sur le corps de l'homme de plusieurs manières : 1° mécaniquement; 2° par les qualités de l'air mis en mouvement (air froid, chaud, sec, humide); 3° par les matériaux qu'ils transportent; 4° par leurs variations. L'action mécanique du vent, quand il est léger, se borne, suivant quelques auteurs, à donner plus de force aux tissus et à favoriser la circulation. Mais son action, considérée conjointement avec les qualités de l'air, est plus nette et plus facile à constater. Un vent sec et froid nous impressionne plus désagréablement que si l'air était en repos : la est chose facile à comprendre : le corps étant mis continuellement en contact avec des couches d'air froid, éprouve une déperdition successive de calorique. Si le vent est humide, la sensation est encore plus pénible. Un air chaud et humide est insupportable, parce que la couche en contact avec le corps est bientôt saturée d'humidité et s'oppose à l'évaporation de la sueur, tandis que le moindre mouvement enlève l'air en contact, ce qui favorise l'évaporation et produit un abaissement de température : c'est ainsi que s'explique le rôle de l'éventail et le froid que l'on éprouve lorsqu'on est dans un courant d'air.

Les vents sont chargés de différents matériaux : ce sont généralement des poussières appartenant aux trois règnes. Ces poussières agissent plus mécaniquement que de toute autre manière, mais, dans quelques circonstances, les vents servent de véhicule à ce que nous avons appelé *des miasmes*, à des gaz délétères ; dans ce cas leur action produit souvent des maladies : c'est ainsi que ceux qui se lèvent dans la direction des marais peuvent porter au loin des fièvres intermittentes. Enfin les vents deviennent nuisibles par leurs brusques variations, surtout quand, dans la même journée, ils produisent des écarts considérables dans la température : c'est ce qui arrive chez nous, dans les mois d'avril et de mai. L'hygiène nous conseille donc, dans ce cas, de ne pas trop nous hâter d'abandonner les vêtements d'hiver.

Quand les vents ont une certaine durée, les contrées qu'ils traversent leur donnent des propriétés caractéristiques. C'est ainsi que chez nous les vents du nord sont généralement secs et froids, les vents d'ouest froids et pluvieux ; ceux du sud et du sud-ouest sont chauds, humides et pluvieux ; les vents d'est sont frais, mais rarement humides.

Climats.

Pour vous faire comprendre la signification du mot *climat*, comme l'entendent les géographes, je suis obligé d'entrer dans de longs détails, pour vous en faire saisir la valeur géographique. Vous savez tous qu'à l'équateur les jours sont constamment de douze heures, c'est-à-dire 12 heures de jour et 12 heures de nuit. En s'avançant de l'équateur vers les pôles, on finit par arriver à une station où le plus long jour de l'année a 12 heures 1/2. Si vous imaginez un parallèle à l'équateur, mené par cette station, vous limitez ainsi une zône : c'est le premier climat de demi-heure. En continuant de marcher vers le pôle, jusqu'à une seconde station où le plus long jour de l'année aura 13 heures de durée, et en menant par ce point un second parallèle, on aura limité un second climat de demi-heure, lequel est compris entre le premier et le second parallèle. Cela étant bien compris, comme le plus long jour de l'année pour les habitants situés au cercle polaire est 24 heures, la portion de la surface de la terre, comprise entre l'équateur et ce cercle, se partagera en 24 climats de demi-heure.

La portion du globe, comprise entre le cercle polaire et le pôle, a été divisée par le même procédé en six climats de *un mois*. En tout 30 climats pour un hémisphère.

Je ne puis accepter cette manière de définir le climat, par

ce que la température des différentes localités qui se trouvent entre deux parallèles est loin d'être la même. Nous appellerons *climat* une étendue plus ou moins considérable de la surface de la terre où les différents phénomènes météorologiques se présentent chaque année d'une manière à peu près semblable.

C'est ainsi que nous avons des climats brûlants quand la température moyenne est comprise entre 27° et 25°, climats chauds de 25° à 20°, climats doux de 20° à 15°, tempérés de 15° à 10°, froids de 10° à 5°, très-froids de 5° à 0°. Chacun de ces climats demande des précautions hygiéniques particulières, selon qu'il est constant ou variable. C'est ainsi que la position de Clermont-Ferrand, et d'une partie du département, étant sous un climat tempéré variable, 12° 1/2, exige qu'on se mette en garde contre les variations brusques de la température. C'est un pays à rhumatismes, à fluxions de poitrine.

Endémies.

On appelle endémies l'ensemble des maladies particulières à certains pays, à certaines localités ; par exemple, il y a 40 ou 50 ans, le goître était endémique dans le département du Puy-de-Dôme ; il l'est encore dans quelques endroits du département de l'Isère. La fièvre intermittente est endémique dans quelques localités du *Marais*. On pourrait presque dire que le rhumatisme, sous toutes ses formes, est endémique dans notre ville.

Epidémies.

Il y a des endémies qui franchissent quelquefois leurs frontières et se propagent plus ou moins loin : ce sont alors des épidémies pour les localités dans lesquelles elles se montrent accidentellement: ainsi le choléra, qui est endémique sur les bords du Gange, devient épidémique quand il fait des excursions au dehors.

Je dirai donc qu'une maladie règne épidémiquement quand elle sévit dans une ville, dans une contrée, pendant un certain temps, avec plus ou moins d'intensité, pour disparaître ensuite, et ne se montrer de nouveau qu'à des époques éloignées et d'une manière irrégulière. Prenons un exemple : en 1870 et 1871, un grand nombre de personnes ont eu la petite vérole; si tous les ans cette affection nous maltraitait de la même façon, ce serait une maladie endémique à Clermont. Comme, depuis le commencement de ce siècle, nous l'avons vue en 1814 et 1815, puis vers 1825, enfin en 1870-1871, la variole a donc été une maladie épidémique. L'hygiène contribue puissamment à faire disparaître les endémies et à diminuer la violence des épidémies.

C'est ainsi que par l'assainissement des marais on a presque éteint les fièvres intermittentes dans certaines contrées. Je ne doute pas que les localités du Puy-de-Dôme, où cette maladie se montre encore sous la forme endémique, ne finissent par la voir disparaître quand, par des irrigations mieux entendues, par des drainages convenablement exécutés, on aura débarrassé le sol des eaux stagnantes. L'endémie du goître tend également à disparaître sous l'influence de la mise en pratique des lois de l'hygiène.

Certaines épidémies deviendront plus rares, et aussi moins meurtrières, quand on aura détruit, ou confiné dans leur foyer, les endémies qui les produisent. Les efforts qui ont été faits pour arriver à ce résultat ont eu déjà les plus heureux succès.

DEUXIÈME LEÇON.

Des habitations. — Sol. — Exposition. — Ventilation. — Chauffage. — Éclairage. — Propreté. — Causes d'insalubrité. — Vêtements. — Modifications selon les âges, les saisons, les climats, les temps. — Soins du corps. — Cosmétiques. — Bains de propreté en général.

Messieurs,

Vous avez vu dans la précédente leçon, que si l'air est d'une nécessité indispensable pour l'entretien de la vie, il est aussi, par la constante mobilité de son état, la cause d'un grand nombre de maladies. L'homme a donc dû chercher de bonne heure à ne retirer de l'air que ce qui lui est utile, et à se mettre à l'abri de ce qui lui causait du dommage. Il a trouvé une partie de la solution du problème en se construisant une habitation. Je n'entrerai pas ici dans l'historique de toutes les tentatives que l'homme a faites pour se créer une demeure : ce serait faire l'histoire de l'humanité depuis son apparition sur la terre jusqu'à nos jours. Je prendrai le progrès au point où il est arrivé, et j'examinerai s'il est complet sous le rapport de l'hygiène. Pour cela, il y aura à considérer dans une habitation, 1° le sol sur lequel elle repose et la nature des terrains qui l'environnent; 2° son orientation par rapport à la direction des vents et à la marche du soleil; 3° quelles ont été les précautions prises pour renouveler l'air dans l'intérieur; 4° comment on l'a disposée pour se garantir du froid, de la chaleur, de l'humidité; 5° quel est le mode d'éclairage, et les moyens employés pour la tenir dans un état de propreté satisfaisante.

1° *Du sol* — Le choix d'un emplacement pour bâtir une maison n'est pas chose indifférente. J'avoue qu'il est souvent impossible de réunir toutes les conditions hygiéniques, par cette raison qu'on n'est pas complétement libre de choisir, quand on fait bâtir dans une ville, et pour exercer certaines professions. C'est ainsi qu'un meunier ne peut placer sa demeure ailleurs que sur le cours d'eau qui fait marcher son moulin, et ainsi pour toutes les autres professions qui demandent des positions spéciales et parfaitement déterminées. Ces réserves faites, admettons que l'on ne soit gêné par aucune circonstance, ni forcé par aucune nécessité industrielle. Un terrain sec, peu exposé au vent du nord, est préférable à tout autre. Si, à cette condition, on peut ajouter une légère inclinaison, on augmentera les causes de salubrité en facilitant l'écoulement des eaux pluviales et de celles qui servent à l'usage de tous les jours.

On peut aussi envisager le sol sous le rapport de sa constitution géologique et des cultures qui s'y font. Je ne crois guère, ou plutôt je ne crois pas du tout à l'influence de ce qu'on appelle la composition minéralogique du sol. Si les hommes qui habitent sur les terrains granitiques ont semblé plus forts que ceux qui habitent sur les terrains argileux et surtout marécageux, c'est qu'on a forcé les analogies et confondu les productions du sol avec les influences du terrain lui-même. En effet, les terres argileuses se prêtant mieux à certaines cultures que nous appellerons franchement cultures malsaines, exposent les individus qui les habitent à des accidents variés. C'est ainsi que la culture du riz, exigeant que ceux qui s'y livrent soient exposés, pendant une partie de l'année, à toutes les émanations d'une eau stagnante, est une culture malsaine, seulement à cause des conditions dans lesquelles sont placés les travailleurs. Nous avons chez nous quelque chose de semblable, mais en raccourci. Ce sont les moyens employés pour rouir le chanvre. Les rouissoirs, les mares qui servent à cet usage, donnent, à l'époque où se fait le travail, des émanations certainement malfaisantes. Je maintiens mon affirmation, contrairement à certains travaux qui ont été faits pour prouver que cette méthode de rouissage est inoffensive. Je préfère le procédé qui consiste à exposer le chanvre pendant 15 à 20 jours à l'action de l'air, de la chaleur et de la rosée.

L'altitude apporte aussi des modifications dans le choix d'un emplacement. La question de l'eau doit aussi préoccuper celui qui veut bâtir une maison. Le voisinage des rivières a ses avantages, mais il a ses inconvénients par l'humidité qu'elles entretiennent dans l'atmosphère, quelquefois par les brouillards qui les recouvrent sur une largeur plus ou moins étendue. Pour atténuer ces désagréments, il faut se placer sur le vent qui souffle le plus généralement. Une maison bâtie à proximité d'une source, d'un petit cours d'eau, est dans une excellente position.

2º *De l'orientation par rapport à la direction des vents et à la marche du soleil.* — Quand les principales ouvertures d'une maison sont tournées, les unes du côté du nord, les autres du côté du sud, on dit qu'elle est orientée sud-nord. C'est la meilleure orientation pour notre climat. En hiver, les parties de l'appartement situées du côté du sud sont plus chaudes que celles du côté du nord, et, en été, les chambres qui regardent le nord, sont plus fraîches que les autres. Une maison qui a des ouvertures sur une cour, doit en avoir d'autres sur une rue. Lorsqu'un appartement n'a ses ouvertures que d'un seul côté, il faut qu'elles soient sur une large rue, sur un jardin et tournées du côté de l'est. Lorsqu'on est libre de choisir un emplacement, il faut aussi, pour asseoir une maison, tenir compte de la direction et de la qualité des vents qui soufflent le plus souvent; si c'est un vent froid et humide, la maison doit lui tourner le dos, si je puis ainsi parler. Cette question de la direction et de la qualité des vents, doit être étudiée pour chaque pays en particulier, je dirai même pour chaque quartier, dans certaines villes. Les maisons placées dans une rue qui est souvent balayée par le vent, empruntent à cette circonstance une grande cause de salubrité.

3° *Ventilation.* — C'est le moyen de renouveler l'air dans les appartements. Quelque bien choisi que soit un emplacement, le fait seul d'habiter la maison constitue des causes d'insalubrité. Il suffit d'avoir vu l'atmosphère répandue sur les grands centres de population, pour en conclure que l'air, dans ces villes, est altéré et vicié. Ce choix d'ailleurs ne nous met pas complètement à l'abri des agents atmosphériques dont nous avons parlé; froid, chaleur, humidité, etc.

Ce qui se produit dans les grandes localités est la somme des produits partiels de chaque habitation particulière. La respiration de chaque membre d'une famille verse dans l'atmosphère de l'appartement une certaine quantité d'acide carbonique, auquel viennent s'ajouter les émanations corporelles de chaque habitant et les odeurs variables de la cuisine. Tous ces produits doivent être chassés de nos demeures.

On résout le problème en renouvelant l'air, soit en laissant les fenêtres ouvertes en été, soit en ventilant les appartements, quand les ouvertures sont closes. Dans certaines maisons, on dirait qu'on s'étudie à empêcher l'air de se renouveler, par l'emploi des *devant-de-cheminée*. La cheminée est cependant un excellent appareil de ventilation.

Comme, en général, les appartements ne sont complètement fermés qu'en hiver, et qu'à cette époque on est obligé de faire du feu, un chauffage bien entendu produit en général une ventilation suffisante.

4° Le choix du sol, l'orientation et la ventilation, ne nous mettent pas complétement à l'abri des agents atmosphériques dont nous avons parlé, *froid, chaleur, humidité*. On se garantit du froid et de l'humidité par le chauffage.

Dans les maisons particulières, on se chauffe de deux manières, soit au moyen d'un poêle, soit à la cheminée. Ce dernier procédé est le meilleur et le plus agréable. Le tirage qui s'établit dans ce cas suffit au renouvellement de l'air. Le courant s'établit de dehors en dedans par les jointures des portes et des fenêtres, ou par des ventouses qui viennent s'ouvrir de chaque côté de la cheminée. Le seul reproche à faire à ce mode de chauffage, c'est qu'il y a une grande perte de chaleur.

Les poêles dont on se sert varient beaucoup, tant sous le rapport de la forme que sous celui de la matière employée à leur fabrication. Quand il s'agit de faire un choix, il faut savoir à quels besoins ils sont appelés à répondre. Dans certains ménages, le poêle sert à la fois à préparer les aliments et à chauffer l'appartement. Dans ce cas le poêle en fonte est le seul convenable. Mais s'il ne doit servir qu'au chauffage, il vaut mieux faire usage du poêle en brique, ou en faïence, comme s'échauffant lentement et retenant plus longtemps la chaleur.

Un mode de chauffage que je voudrais voir complètement abandonné, à cause de ses dangers, c'est le chauffage par le charbon de bois dans des réchauds, et aussi avec ce qu'on appelle la *braise* de boulanger.

Si, dans une enceinte limitée, une chambre parfaitement close, de 40 à 50 mètres cubes, on brûle un kilog. de charbon de bois, l'acide carbonique et l'oxyde de carbone dégagés vicient l'atmosphère de la chambre au point d'empoisonner et d'asphyxier les malheureux qui s'y trouveraient. La braise de boulanger peut produire des accidents analogues, mais avec moins de promptitude et d'intensité.

5° *De l'éclairage.* — L'éclairage doit être considéré 1° dans ce qu'il a d'insalubre ; 2° dans son mode d'action sur l'organe de la vue.

Vous savez, Messieurs, que, lorsqu'un corps brûle au contact de l'air, il absorbe de l'oxygène et produit de l'acide carbonique. Tous les corps employés pour nous fournir de la lumière finiraient par s'éteindre, si le milieu dans lequel ils sont plongés ne se renouvelait constamment et, du même coup, les animaux qui s'y trouveraient périraient également.

Les corps employés à l'éclairage sont très-variés. Ce sont, en général, des substances riches en hydrogène et en charbon. Telles sont le gaz de l'éclairage, la cire, le suif et ses dérivés, les huiles, les résines. On peut dire, d'une manière générale, que l'intensité de la lumière obtenue est proportionnelle à la quantité d'oxygène transformé en acide carbonique et, par suite, à la quantité de chaleur produite.

Quel est le meilleur système d'éclairage? La question ne peut être résolue d'une manière générale. Ce qui convient à un grand établissement serait défectueux pour un petit appartement. Je ne parlerai que de ce qu'on peut appeler l'éclairage domestique. Pour celui qui doit lire ou écrire, nous plaçons, en première ligne, l'éclairage avec la lampe dite modérateur, munie d'un abat-jour. Viennent ensuite les chandelles appelées bougies; pour les lieux publics, les rues des villes, le gaz. Mais, quel que soit le système employé, il est toujours prudent de garantir les yeux de l'action directe de la lumière.

Propreté.

La propreté d'une maison s'entend surtout de l'intérieur, et elle convient à tout, aux meubles, aux parquets, aux murs. Dans certaines localités il est d'usage de laver la maison, depuis le grenier, jusqu'au rez-de-chaussée, et cela, chaque semaine. Ce lavage est inutile dans les appartements cirés. Un plaisant me disait un jour: «En France, la propreté décroît avec la latitude.» Cela commence à ne plus être vrai. Les meubles doivent être époussetés aussi souvent que le besoin l'exige; il y a des localités où ce travail est indispensable tous les jours. Les lits doivent être l'objet d'un soin particulier. Les matelas, les sommiers élastiques seront exposés à l'air et époussetés, le bois de lit sera nettoyé, brossé, lavé s'il le faut, plusieurs fois dans l'année. C'est le meilleur et le plus sûr moyen de détruire les insectes qui nous incommodent, surtout pendant la chaleur.

Insalubrité.

Nous avons vu que le fait seul d'habiter une maison était une cause d'insalubrité. Il y en a d'autres qui dépendent de plusieurs circonstances, telles sont l'accumulation du personnel, la position de l'appartement d'après la distribution de la maison. Un rez-de-chaussée un peu en contre bas est moins salubre que celui qui est exhaussé. Les étages supérieurs sont préférables aux autres. Dans les constructions d'aujourd'hui, *les cabinets* sont une pièce particulière dans l'appartement. Quelque soin que l'on prenne, c'est toujours un voisinage qui se fait sentir. Je vais vous indiquer un excellent moyen d'en neutraliser les émanations. Ce qui réussit très-bien, c'est de se servir d'un opercule garni d'un bourrelet circulaire en éponge, que l'on imprègne de vinaigre de temps à autre. Ce bourrelet doit être mobile pour pouvoir être lavé plusieurs fois dans l'année.

Je viens de vous parler des causes intrinsèques d'insalubrité. Au dehors et au voisinage de la maison, il s'en trouve un grand nombre d'autres. Les plus ordinaires et les plus communes sont les cloaques que forment les eaux de lavages, dans certaines cours.

Ce n'est pas tout de soigner sa demeure sous le rapport de la propreté, il faut aussi soigner sa personne. Les soins qui se rapportent au corps comprennent les vêtements, les bains et ce qu'on appelle la toilette.

Des Vêtements.

Vous avez peut-être entendu dire que le vêtement n'est pour l'homme qu'un besoin relatif, je tranche le mot, que l'homme a été fait pour vivre nu comme les autres animaux. On donne à l'appui de cette manière de voir la nécessité de dissémination, conséquence forcée de la propagation de l'espèce humaine. Cela n'est pas absolument vrai. Les habitants des climats où l'on n'a pas à se garantir du froid, ont à subir d'autres inconvénients à l'abri desquels ils ne peuvent se mettre que par des vêtements ou par d'autres mesures peu commodes. Ces inconvénients sont les poussières, l'ardeur du soleil et les insectes. Il y a plus, l'habillement entre dans les nécessités de la vie comme instrument de propreté et, par une déduction légitime, comme moyen hygiénique.

Dans un climat comme le nôtre, le vêtement doit se modifier avec la saison, avec l'âge. En hiver, il doit s'opposer à la déperdition du calorique qui se fait par contact avec le milieu dans lequel nous sommes placés. Les habits, pour cette saison, doivent être faits en matières mauvaises conductrices de la chaleur, telles sont la laine, la soie, le coton. Les tissus doivent être peu serrés, peu denses. Ces étoffes agissent de deux manières: elles enferment d'abord entre la peau et le vêtement une couche d'air qui, de sa nature, s'oppose à la propagation de la chaleur, et, en second lieu, par leur peu de conductibilité, arrêtent le refroidissement par contact.

En été, l'habillement doit agir en sens opposé, il doit faciliter la déperdition de la chaleur, soit par contact, soit par rayonnement. Pour cette double fonction, il doit être bon conducteur et avoir un pouvoir rayonnant considérable. Les étoffes de lin, de chanvre conviennent parfaitement.

Ajoutons quelques observations générales sur la forme du vêtement. Quelle qu'en soit la coupe, il doit, en hiver, prendre plus exactement la forme du corps qu'en été, jamais il ne doit opérer de constriction sur aucune partie. C'est pourquoi il faut proscrire les ceintures pour maintenir le pantalon, les cols de chemises et les cravates trop serrés, pour les jeunes gens et les adultes ; il faut aussi rejeter l'usage du cache-nez.

Ces prescriptions n'ont rien d'absolu. En effet, les jeunes enfants doivent être garantis contre les atteintes du froid, mais, une fois sortis de l'enfance, il est bon, il est nécessaire de les habituer, avec prudence, à supporter les intempéries, à s'endurcir contre le froid et la chaleur.

Le vieillard est comme l'enfant, il doit prendre les mêmes précautions. A cet âge, quand on a eu toutes les douceurs de la vie, un coup de froid peut être mortel, non pas immédiatement, mais par la maladie qu'il fait naître. Les exemples fourmillent pour démontrer qu'une vie active, laborieuse, est un des moyens d'arriver à une verte et vigoureuse vieillesse.

Les précautions dont je viens de vous parler, varient aussi avec les climats. Dans les pays chauds, après des journées brûlantes, on a des nuits relativement froides. Ces variations de température demandent que les vêtements du soir ne soient pas aussi légers que ceux que l'on porte pendant le jour ; ces conditions atmosphériques sont encore aggravées si le terrain est humide, marécageux. On a, dans ce cas, un pays insalubre par excellence: l'hygiène conseille nettement de ne pas l'habiter, tant qu'il n'aura pas été assaini.

Le vêtement considéré comme moyen de propreté se compose de tout ce qu'on appelle le *linge*. On doit comprendre sous cette dénomination la chemise, le caleçon, les bas, et, comme annexe, le gilet de flanelle. La chemise sert tout à la fois à garantir le corps contre les agents extérieurs et à absorber les produits de la transpiration et de la perspiration. Quand ces fonctions sont très-actives, il faut souvent changer de chemise. En hiver, la chemise de coton est préférable à celle de lin ou de chanvre; c'est aussi la meilleure en été pour celui qui transpire beaucoup.

Le caleçon n'est pas seulement un vêtement de propreté, il empêche aussi le frottement du pantalon et contribue pour sa part à nous garantir du froid. Ce vêtement doit être de coton en hiver et de toile en été.

Des bas. — Le choix de la matière n'est pas indifférent. Les bas de laine ne conviennent qu'aux enfants jeunes et aux vieillards chez lesquels la calorification ne se fait plus avec assez d'énergie. Bas de coton en hiver, bas de fil en été, voilà la règle générale; seulement, dans quelques circonstances particulières, pour se garantir du froid aux pieds en hiver, on peut, sur le bas de coton, porter une chaussette de laine. Je donne mes raisons pour justifier la proscription dont je frappe les bas de laine en dehors des cas particuliers mentionnés plus haut. Les étoffes de laine, par les mille aspérités que forment les extrémités des filaments, excitent, stimulent la peau, et en activent les fonctions perspiratoires. Ce surcroît de travail est souvent la cause principale des engelures aux pieds chez les personnes à peau fine et délicate et à tempérament lymphatique. Le bas de laine procure un autre désagrément, c'est un prurit insupportable.

Du gilet de flanelle. — Voilà un vêtement dont on a abusé outre mesure. Les hommes sont ainsi faits : la modération leur est inconnue. Lorsque l'accident contre lequel on a employé le gilet de flanelle est passé, il est bon d'en cesser l'usage. Pour cela il faut choisir le moment opportun; l'été est l'époque la plus favorable. Le gilet de flanelle demande des soins minutieux de propreté ; les secrétions dont il s'imprègne, produisent souvent des éruptions pustuleuses, surtout en été. Si la suppression absolue de ce vêtement présente des inconvénients, on pourra le remplacer en été, dans les grandes chaleurs, par un gilet de coton ou d'un tricot assez fin.

De la toilette ou des cosmétiques. — Tout ce que l'homme, cédant aux préjugés de la mode, fait dans l'espoir d'embellir son corps, ou de dissimuler, soit des défauts réels, soit les ravages du temps, « *Annorum reparans irreparabile damnum* », tout cela constitue la toilette. Les agents employés sont les cosmétiques.

L'industrie a prévu tous les cas, et les a exploités avec un succès qui n'est pas près de finir. Nous avons en premier lieu les cosmétiques pour les cheveux. Je n'en connais aucun qui remplisse, même de loin, une partie des promesses des inventeurs. La chevelure doit avoir de cinq à dix centimètres de longueur. Il y a des hommes qui, voyant tomber leurs cheveux par suite de causes inconnues, se font raser pour en arrêter la chûte : ceux-là se font illusion. C'est ailleurs qu'il faut porter le remède. Une des principales causes de calvitie prématurée est la trop grande température de la tête entretenue par certaines coiffures. Quand le cuir chevelu se couvre de pellicules, le meilleur cosmétique est de se laver avec de l'eau, d'avoir les cheveux courts, et de se sécher la tête avec une serviette, après l'ablution. Si les cheveux sont secs, faire usage de la pommade suivante : Moëlle de bœuf et huile d'amandes douces, de chacune 30 grammes, faire fondre au bain-marie et décanter. Il faut bien se garder de faire usage de corps rances. Quand on perd ses cheveux à la suite d'une longue maladie, il suffit de se les faire couper à 4 ou 5 centimètres de la tête. Ils repousseront parfaitement, sans qu'il soit nécessaire de se faire raser. Dans le cas présent, les cheveux ne tombent pas, ils se cassent à quelques millimètres au-dessus du niveau de la peau.

Toutes les poudres à cheveux sont nuisibles, le moindre de leurs inconvénients est de crasser le cuir chevelu. Je ne vous dirai que peu de mots de la barbe. Pour l'homme, je ne vois que deux manières de la porter, entière, ou pas du tout.

Cependant, nos habitudes et certaines nécessités sociales vous forceront, selon les circonstances, à la porter d'une manière plutôt que d'une autre. Je désire, pour vous, que vous n'ayez jamais d'autre tyrannie à subir que celle-là, vous pourrez vous y soumettre sans crainte de déroger à la dignité humaine. Il me reste encore quelque chose à vous dire sur la barbe, non pas pour vous directement, mais pour les conseils que vous pourrez donner utilement. Un fait que je n'ai pas été le seul à remarquer, c'est que la moustache épaisse et longue rend des services réels à certains ouvriers. C'est ainsi que ceux qui travaillent dans une atmosphère où se produisent des poussières, doivent au moins porter la moustache : tels sont les peigneurs de chanvre, les piqueurs de meules, les aiguiseurs à sec, les menuisiers etc. etc. Chez tous ces travailleurs, la barbe, entretenue dans une certaine humidité par la respiration, arrête les poussières et les empêche de pénétrer dans les voies respiratoires.

Après les cosmétiques pour entretenir *et faire pousser* les cheveux, viennent ceux qui servent à les teindre. Vous n'êtes pas encore exposés à cette ridicule ressource qu'emploient certains hommes dans l'espoir de dissimuler leur âge. On peut excuser cela chez une femme. Il n'y a que les hommes efféminés qui se permettent ce tatouage. Tout s'harmonise dans la tête d'un vieillard, le teint, les rides et les cheveux blancs. Je ne trouve rien de plus monstrueusement ridicule qu'une chevelure d'un noir d'ébène sur une figure flétrie et ridée.

Des bains.

Le meilleur moyen d'entretenir la peau dans son état physiologique, c'est-à-dire de la maintenir dans l'intégrité de ses fonctions, c'est l'usage des bains. Dans son acception la plus générale, la plus étendue, le mot bain sert à désigner tous les milieux dans lesquels le corps peut être plongé. Vous voyez, d'après cela, combien peut être variée la nature du bain. C'est ainsi que l'on peut prendre des bains de vapeur, d'air chaud, des bains de sable, de lait, enfin des bains de toutes les espèces d'eaux minérales, et le nombre en est grand ! Je n'ai à m'occuper que des bains ordinaires, additionnés de quelques substances particulières, en un mot, des bains dits de propreté. On fait usage de ces bains pour nettoyer la peau, pour lui enlever les produits solides de la perspiration auxquels se trouvent mêlées différentes poussières. Quelques personnes s'imaginent qu'il faut prendre très-souvent des bains : c'est là une grande erreur.

Après une journée de marche, après une journée de travail, pendant laquelle l'action des muscles a été mise en jeu, un bain délasse tout en rendant à la peau son activité.

Un bain de propreté doit être agréable, c'est-à-dire qu'il ne faut éprouver ni la sensation du froid, ni celle de la chaleur. Une température de 30° centig. suffit pour quelques personnes; pour d'autres il faut, 31°, 32°. Une coquetterie légitime permet d'ajouter au bain, soit du son, soit de l'amidon, je préfère *cent* grammes d'ammoniaque. Quand on emploie cette dernière substance, il faut avoir soin de la verser d'abord dans la baignoire avec de l'eau froide et ne mettre l'eau chaude qu'en dernier lieu.

TROISIÈME LEÇON.

Aliments. — Nature et qualité des divers aliments. — Leur appropriation aux âges, aux tempéraments, aux professions, aux climats. — Conditions d'une bonne digestion. — Conserves alimentaires. — Altérations et falsifications des aliments. — Régime alimentaire.

Aliments.

Tout ce que l'homme introduit dans ses voies digestives, soit pour apaiser sa faim, soit pour étancher sa soif, toutes ces matières sont des aliments. Vous voyez que, par cette définition, je rends inutile la distinction que l'on voudrait faire entre les mots *aliment* et *boisson* et, qu'en même temps, j'élimine les substances médicamenteuses; je vous ai déjà fait pressentir que, sous le rapport physiologique, la matière alimentaire fait plus que satisfaire aux besoins de la faim et de la soif, elle sert à l'accroissement de toutes les parties de notre corps, à la réparation des pertes de substance que nous faisons continuellement et aussi à l'entretien de la chaleur, c'est-à-dire, à la calorification.

Vous vous rappelez que les aliments se présentent sous les trois états : solide, liquide et gazeux. Cette manière de voir, qui m'est particulière, m'a forcé de m'occuper dans la première leçon de l'air atmosphérique considéré comme aliment.

L'homme puise dans les trois règnes les matériaux de son alimentation. L'eau et le sel sont les seuls qu'il prend en nature dans le règne minéral ; ceux qu'il emprunte aux deux autres règnes (végétal et animal), ont été classés de plusieurs manières, selon les points de vue où se plaçaient les auteurs.

Je fais trois groupes des matières alimentaires.

1° *Aliments inorganiques*. — Eau, sel ; ce sont les seuls que l'homme prend sous leur forme naturelle. Les autres substances minérales qui entrent dans la composition de ses organes, telles que le phosphore, la chaux, la potasse etc., ne pénètrent dans le corps qu'à l'état de combinaison avec d'autres matières.

2° *Aliments organisés azotés*. — Ce sont la fibrine, qui constitue en grande partie la chair des animaux ; l'albumine, qui se trouve en grande quantité dans l'œuf ; cette substance existe également dans certains légumes ; la caséine fournie par le lait, le gluten, qui se rencontre dans presque toutes les graines des graminées.

3° *Aliments organisés non azotés*. — Ce sont en premier lieu les corps gras, savoir : les graisses, le beurre, les huiles solubles dans l'alcool ou l'éther ; secondement, les féculents, riz, pommes de terre, etc., enfin, les sucres.

L'acte physiologique par lequel les aliments sont transformés pour pouvoir être absorbés et portés dans la circulation, constitue la digestion. Cet acte n'est pas *un*, c'est-à-dire que tous les aliments ne sont pas digérés dans l'estomac. Une autre remarque à faire, c'est qu'il y a très-peu de matières alimentaires qui soient exclusivement composées, soit de fibrine, soit de fécule, soit d'albumine, etc.

Dans la prochaine leçon, je m'occuperai de la digestion de l'eau, et de quelques autres aliments liquides.

Digestion des aliments organisés azotés. — On comprend sous ce titre, comme je vous l'ai dit, les viandes, les œufs, le fromage, le lait et quelques parties constituantes de certains végétaux. Ces différentes substances sont d'abord divisées, broyées et humectées dans la bouche, elles passent de cette première cavité dans l'estomac. Là, sous la triple influence du suc gastrique qui les baigne, les pénètre, de la chaleur animale et du mouvement péristaltique qui les porte du pylore au grand cul-de-sac de l'estomac et du grand cul-de-sac au pylore, la matière alimentaire est ramollie de la circonférence au centre, elle est dissoute, réduite en une pâte homogène, qui est la *chyme*, et finalement transformée en une albumine particulière ou *albuminose*. C'est sous cette forme qu'elle est absorbée par les veines de l'estomac qui la portent dans le foie, pour aller de là dans le torrent de la circulation. Ces aliments demandent une respiration active, un exercice énergique et un climat froid ou tempéré. En dehors de ces conditions, un régime alimentaire trop azoté, trop animalisé, comme on dit, produit inévitablement certaines maladies; c'est ainsi que les Français qui vont, soit en Afrique, soit dans nos colonies, en reviennent presque tous porteurs d'une maladie du foie, parce qu'ils ont continué, dans ces climats, leurs habitudes de gloutonnerie.

Digestion des corps gras. — Ces matières n'éprouvent aucun changement dans la bouche. Arrivées dans l'estomac, elles sont fondues, liquéfiées, si leur point de fusion ne dépasse pas 38°; elles ne subissent pas d'autres transformations et ne sont pas absorbées. De l'estomac, elles passent dans la première partie de l'intestin, le duodénum; là, sous l'influence du suc pancréatique et de la bile, elles sont émulsionnées transformées en chyle et absorbées par les vaisseaux chylifères qui les versent dans les veines, où elles se mêlent au sang. Ces aliments sont transformés en acide carbonique et en eau, ils sont brûlés ; ce sont donc des aliments respiratoires. Tout ce qui n'est pas brûlé est *emmagasiné* dans les mailles de certains tissus. La peau en élimine une partie, mais c'est le foie qui est l'organe essentiel de cette élimination. Vous comprenez tout de suite, que lorsque la quantité ingérée n'est plus en rapport avec le climat, le foie doit fonctionner avec plus d'énergie, et partant, subir la loi commune et devenir malade. Les corps gras sont les aliments des peuples qui habitent les climats froids excessifs. C'est le Nord qui nous a légué l'usage de l'huile de foie de morue ; les Cosaques ont mangé nos chandelles. Les Arabes ne mangent presque pas de corps gras, ils se nourrissent de gommes, de sucre, de féculents. Vous voyez la raison de la loi de Moïse et de Mahomet proscrivant l'usage du porc. Dans notre pays, il est utile, en été, de diminuer la ration des corps gras. Ceux d'entre vous qui s'imaginent que l'huile de foie de morue est une panacée, devront en suspendre l'usage, ou tout au moins en diminuer les doses pendant les grandes chaleurs. L'abus des corps gras, dans les climats chauds, peut produire des maladies de la peau et donne au moins une diarrhée débilitante.

Digestion des féculents. — La fécule se trouve dans les graines de graminées, des pois, des fèves, dans la pomme de terre, dans les tubercules des aroïdées, des orchidées. La fécule éprouve un commencement de digestion dans la bouche. Vous pouvez le constater vous même quand vous mangez du pain. Sous l'influence de la salive, une partie de l'amidon qui est dans le pain est transformé en dextrine. C'est cette substance qui produit le goût sucré. Les féculents n'éprouvent aucun changement dans l'estomac, mais arrivés dans l'intestin, le suc pancréatique les dissout, achève de les transformer en dextrine. Sous cette forme, ils sont absorbés par les veines des intestins et portés dans le foie, puis finalement changés en glucose. Dans les climats chauds, les féculents tiennent un rang important dans l'alimentation. En effet, ils produisent peu de chaleur, mais aussi, ils sont peu réparatifs. Tous les féculents se valent sous le rapport de l'alimentation. La fécule de pomme de terre, le tapioca, (fécule du Jatropa Manioc), le sagou, (fécule retirée de la tige de quelques palmiers), l'Arrow-Root (fécule extraite des tiges souterraines du Marenta-Indica), le salep (fécule du bulbe des orchidées); la seule différence, c'est que le prix varie avec l'étiquette.

Digestion des sucres. — Je devrais dire des matières sucrées. Quelques-unes sont absorbées sans subir de transformation par les veines de l'estomac et portées dans le foie qui les change en glucose. D'autres doivent être transformées en sucres absorbables.

Le foie transforme donc en glucose la plupart des produits absorbés par les veines de l'estomac. Ce sucre de glucose est brûlé dans le sang, c'est donc un aliment respiratoire, mais d'une faible puissance.

Je puis conclure, de l'étude que je viens de faire, que l'homme, qui doit se livrer à un travail musculaire énergique, doit faire usage *d'aliments gras*. Avec cette mesure, cependant d'en diminuer la dose proportionnellement à la douceur du climat, c'est-à-dire, avec abondance dans les pays froids et, avec parcimonie dans les pays chauds. Celui qui ne fait aucun exercice énergique doit préférer les aliments azotés et les féculents. Cette loi de l'hygiène est inflexible.

Le plus grand nombre de ceux qui la violent pendant longtemps, sont punis de différentes manières. C'est la goutte chez les uns, une maladie du foie chez les autres, enfin la gravelle pour un troisième groupe. Dans les climats chauds, les graisses doivent être remplacées par les féculents et les sucres, il en est de même pour ceux qui ne font pas un travail qui demande une grande activité des muscles. Chez les enfants, les vieillards, les gens affaiblis, la viande ne doit être employée qu'à la condition de faire de l'exercice, une alimentation mixte est la seule qui convienne.

Conditions d'une bonne digestion. — Il y en a de deux sortes. Les unes se rapportent à l'organe, les autres à la matière alimentaire. Celles de l'organe sont : 1° la santé, ou état normal de l'organe 2° la sécrétion par l'estomac d'un suc particulier, *le suc gastrique*; 3° enfin l'habitude. Pour bien digérer, il faut se bien porter ; les malades vomissent les aliments solides. Le suc gastrique ne se produit qu'au contact de l'aliment. Il y a des circonstances où ce contact n'est pas nécessaire ; la vue de certains mets suffit pour provoquer sa sécrétion, l'expression vulgaire *cela fait venir l'eau à la bouche*, indique cette action toute nerveuse. Quant à l'habitude, elle ne se fait sentir qu'à un certain âge. Les jeunes gens digèrent tout; mais quand on s'est habitué à un genre de vie particulier, certains aliments deviennent indigestes. D'une manière absolue, il n'y a ni aliment *lourd*, ni aliment *léger*, ce que l'on digère sans fatigue, sans en avoir la conscience, est léger. Tout aliment dont la digestion se fait sentir est lourd. Les conditions d'une bonne digestion qui se rapportent à la matière alimentaire, en dehors de l'habitude, dépendent en partie de l'aliment et en partie de son mode de préparation : c'est ainsi que la viande trop cuite est plus difficilement digérée que lorsqu'elle l'est moins ; les œufs durs sont moins digestibles que les œufs dont le blanc n'est pas coagulé. A propos du mode de préparation des aliments, je dois vous dire quelques mots des *condiments*.

On appelle ainsi, tout ce que l'on ajoute à l'aliment pour le rendre plus sapide, plus agréable et plus acceptable à l'estomac. Le sel, les graisses, sont à la fois des condiments et des aliments. Mais la moutarde, le poivre, la vanille, le persil, le vinaigre, etc. etc., sont de vrais condiments. Dans certaines circonstances on en abuse.

Pour compléter ce qui a rapport aux aliments, je dois vous parler des moyens employés pour les conserver.

1º *De la Viande.* — Un bon procédé est celui d'Appert. Pour cela, la viande est placée dans des vases de verre, ou mieux de fer-blanc ; il faut d'excellents bouchons. Le tout est exposé à une température de 110°, pendant le temps nécessaire pour opérer une demi-cuisson. Il est important de faciliter la sortie de l'air. Les vases ne doivent pas être trop grands, (Sept à huit décimètres cubes). En second lieu vient la salaison ; c'est un bon moyen dans notre pays. Il convient d'employer un sel peu humide ; l'addition d'une petite quantité de nitrate de potasse (sel de nitre) produit un bon effet. Un troisième procédé est le *Boucanage*. La viande est d'abord légèrement salée, on l'expose ensuite à la fumée avec ménagement en commençant, puis elle est desséchée.

On conserve par le procédé Appert, les petits pois en grains, les haricots verts, etc.

Les viandes mal conservées produisent quelquefois des accidents. Les altérations se rapportent plus à la viande de poisson et de porc qu'à toute autre.

Conservation des graisses. — Dans notre pays c'est la graisse de porc à peu près seule qui subit l'opération nécessaire à sa conservation. Dans le midi, on conserve également la graisse d'oie, de dindon, le procédé est le même. La graisse de porc est d'abord coupée en petits fragments, puis fondue à un feu doux; on ajoute un peu de sel. Pour les oies et les dindons, l'animal est dépecé, puis mis dans un chaudron avec de la graisse de porc, et soumis à une demi-cuisson. Cette opération terminée, les morceaux de l'animal sont placés dans de grands vases, on coule sur eux une couche de graisse de façon à ce qu'ils y soient complétement plongés. Le vase est recouvert d'un papier fort, et placé à la cave. Cette préparation est ce que les habitants appellent du *confit*.

Conservation du beurre. — On peut le pétrir avec un peu de sel et le débarrasser de toute l'eau qu'il contient. Ce moyen ne permet pas de le conserver longtemps; le meilleur est de le faire fondre et de le saler légèrement.

Les aliments peuvent être altérés ou falsifiés.

Quand les viandes fraîches sont altérées, cela tient à une maladie de l'animal avant son abattage. Les chairs des animaux morts soit du typhus, du charbon, pour les bœufs; de la morve, du farcin, pour le cheval, de la clavelée pour les moutons, sont malsaines et doivent être rejetées; j'en dis autant de celle des vaches mortes de pneumonie ou de phthisie. Quand la mort est accidentelle, comme par météorisme, chez les ruminants, la chair peut être mangée.

Le blé, l'orge, la farine peuvent éprouver des altérations diverses. Le blé peut être altéré de deux manières : 1° par la présence de certaines graines en quantité variable ; 2° par des insectes, des champignons. Les graines qui peuvent donner au blé des qualités nuisibles sont la nielle (semence de l'*Agrostemma githago*) et l'ivraie endormante (*lolium temulentum*). Aujourd'hui le criblage débarrasse les blés de ces semences, au point de n'en laisser que des quantités incapables de nuire. Les insectes qui altèrent le blé sont le Charençon et la Lucite. Ces insectes ne font perdre au blé que ses qualités nutritives, mais ne nuisent pas autrement. La présence d'un certain champignon, l'ergot de blé, serait plus dangereuse s'il s'y trouvait en trop grande quantité. Autrefois, il a produit des maladies ; de nos jours, les cultivateurs en débarrassent les blés. L'altération que peut éprouver la farine est plus sérieuse, à cause de la fraude à laquelle elle donne lieu. Les farines exposées à l'humidité éprouvent un commencement de fermentation et perdent, par là, la propriété de *lever* quand on fait le pain. Ce qu'il y aurait de mieux à faire, quand on a un sac de farine dans cet état, serait de la donner aux animaux. Les hommes cupides ne pensent pas ainsi ; ils aiment mieux rendre malades une centaine de personnes, plutôt que de perdre un peu d'argent. C'est alors qu'ils incorporent à cette farine une dose plus ou moins forte de *sulfate de cuivre*, substance vénéneuse, et lui rendent la propriété de faire de la pâte susceptible de *lever*. Dans le commerce, on appelle cela de la sophistication. Moi je lui donne son vrai *nom*, c'est un empoisonnement dont la cour d'assises devrait réclamer les auteurs. Voici un moyen commode de reconnaître cette fraude : c'est de verser un peu d'ammoniaque sur ce pain : immédiatement il prend une teinte bleuâtre.

Falsification des aliments. — Il me faudrait plusieurs leçons pour vous faire connaître tous les moyens que l'on emploie pour frauder, pour falsifier les aliments. La *science* a été poussée à ce point, qu'un auteur a écrit deux gros volumes in-8° avec ce titre : *Traité des falsifications des substances alimentaires et médicamenteuses.* Je vous ai déjà parlé d'un genre de falsification auquel est soumise la farine, il y en a d'autres qui consistent à l'additionner de farines de fèves, de haricots; ces substances ayant une valeur vénale moins grande que le blé, procurent un bénéfice au vendeur, heureusement la fraude ne peut produire aucun mal au consommateur.

Falsification du beurre. — Le meilleur beurre est celui de vache, certains pâturages lui donnent un arome particulier. Les beurres de Bretagne jouissent d'une réputation méritée. On falsifie le beurre 1° en le fabriquant avec des laits de vaches mélangés avec des laits de brebis, de chèvre ; 2° en enveloppant du beurre de qualité inférieure avec d'autre de meilleure qualité ; 3° on lui donne une belle couleur jaune, en le malaxant avec du jus de carotte ; 4° en le salant pour en augmenter le poids ; c'est peu important ; 5° enfin quelques personnes mettent des pommes de terre au centre de la masse. En goûtant le beurre on peut découvrir plusieurs des falsifications, les autres sont dévoilées en divisant les pains.

Falsification de l'huile d'olive. — La fraude la plus fréquente est de la mélanger avec de l'huile d'œillette, (c'est l'huile extraite du pavot blanc). C'est là une sophistiation qui ne peut nuire à la santé, mais elle permet au marchand de vendre à meilleur marché que ses confrères.

Falsification du lait. — La plus commune est d'enlever la crème et de mélanger le lait écrémé avec du lait frais. Quelques fraudeurs y mettent de l'eau, d'autres du glucose. Le goût est le meilleur moyen de reconnaître si un lait a été fraudé. On a proposé différents moyens pour découvrir la tromperie. Ce sont d'abord des instruments qui sont, ou insuffisants, ou d'un emploi trop difficile. Ce qu'il y aurait de mieux, ce serait de remplir deux éprouvettes graduées, de même capacité, l'une avec du bon lait, l'autre avec celui que l'on veut essayer. Après que la crème se serait déposée dans chacune d'elles, on jugerait, par comparaison, si le lait essayé contient une quantité de crème suffisante pour pouvoir attribuer le déficit soit à la fraude, soit à la provenance ; je me sers de ce mot provenance parce que les bons laits n'ont pas tous la même quantité de crème. A certaines époques de l'année le lait se caille facilement. Pour le préserver de cet accident, on l'additionne d'une petite quantité de bicarbonate de soude, à cela il y a peu d'inconvénients.

Régime alimentaire. — Si vous avez bien compris le triple rôle de l'alimentation, savoir : 1° maintenir les organes dans un état satisfaisant d'équilibre ; 2° fournir à leur accroissement, quand le développement n'est pas complet ; 3° enfin, produire la calorification ; vous saurez comment il faut régler son alimentation, tant sous le rapport de la nature des aliments, que sous celui du nombre des repas. Cette règle est ce qu'on appelle le *régime alimentaire*.

Les enfants, les jeunes gens doivent faire usage d'aliments mixtes, avec la précaution de manger, en hiver, plus de corps gras qu'en été. Celui qui a de la tendance à prendre de l'embonpoint, à engraisser, comme on dit vulgairement, doit, pour éviter cette infirmité, diminuer considérablement la ration des corps gras. L'homme à tempéramment bilieux doit agir de la même façon. L'âge apporte aussi des modifications dans le nombre des repas. Le vieillard, qui fait peu d'exercice, doit se résigner à la sobriété. Son estomac sera pour lui un guide dont il ne faudra pas dédaigner les avertissements. En résumé : 1° aliments gras en abondance, pour les pays froids, le travail énergique, les grandes fatigues musculaires ; 2° aliments gras, avec modération et mélangés avec les sucres et les féculents pour les pays chauds, quand on travaille ; 3° Aliments sucrés, féculents pour les pays chauds, quand il y a repos, manque d'exercice.

Les préceptes de l'hygiène, touchant l'alimentation, ne sont pas des déductions purement spéculatives, mais le fruit de l'observation séculaire de *l'instinct fonctionnant*, observation faite sans préjugé, sans parti pris et éclairée de toutes les lumières scientifiques. *Les actes instinctifs* expliqués sont devenus, avec le temps, des actes intelligents. En voici un exemple. Chacun de vous, messieurs, a pu remarquer combien, en été, on a peu d'appétit pour les corps gras que l'on mange avec plaisir en hiver. La science en a donné la raison. Tel qui aime peu le sucre, mange avec plaisir des fruits sucrés. Cette préférence instinctive a reçu son explication. Le sucre cristallisé n'est absorbé que lorsqu'il a subi une transformation dans l'estomac, transformation que l'organe peut se refuser à accomplir ; tandis que les sucres de certains fruits sont immédiatement absorbables.

QUATRIÈME LEÇON.

Boissons. — Eaux potables. — Leurs caractères. — Leurs altérations. — Moyen de les prévenir et de les corriger. — Conservation des eaux potables. — Boissons fermentées. — Vin. — Cidre. — Bière. — Spiritueux. — Liqueurs. — Café. — Thé.

Je me suis occupé, dans la dernière leçon, des aliments solides. Aujourd'hui je vous parlerai des aliments liquides ou des boissons. En première ligne, je place l'eau; c'est le plus important et le plus indispensable de tous. Les animaux qui en sont privés périssent rapidement; elle facilite la digestion, donne au sang sa fluidité normale et répare les pertes produites par les excrétions et la perspiration. L'indispensable nécessité de l'eau est encore prouvée par ce fait, c'est qu'elle entre pour les 75 centièmes dans le poids d'un animal. Introduite dans l'estomac, en dehors de la digestion, elle est immédiatement absorbée par les veines de cet organe et portée dans la circulation.

Les eaux employées aux usages journaliers de l'homme sont appelées *eaux potables,* les autres sont des eaux médicinales. L'eau pure de bonne qualité, est-elle préférable comme boisson ordinaire, à toute autre liqueur ? Je le crois, sauf de rares exceptions, quand on en a pris l'habitude de bonne heure. On dit que Démosthènes et Milton n'ont bu que de l'eau. Sans remonter aussi loin, je connais plusieurs personnes qui n'ont pas d'autre boisson, et dont la santé ne laisse rien à désirer. Cependant, on est forcé de reconnaître que l'usage des liqueurs fermentées est utile et souvent nécessaire.

Dans l'étude que je vais faire des eaux potables, il faudra dire comment on reconnaît qu'une eau peut servir à l'usage interne de l'homme, quel genre d'altération elle peut éprouver; je devrai chercher les moyens de la prévenir et de la corriger quand elle n'aura pu être évitée ; enfin, montrer quel est le meilleur moyen de la conduire, de la conserver et de la distribuer.

Caractères des eaux potables. — En voici l'énumération. Une eau potable doit être : 1° claire et limpide ; 2° inodore; 3° agréable à boire; 4° aérée ; 5° elle doit dissoudre le savon sans grumeaux; 6° cuire les légumes (pois, lentilles, haricots) sans les durcir ; 7° bouillir sans perdre sa limpidité ; 8° enfin, donner par l'évaporation un résidu sec qui ne se charbonne pas.

Limpidité. — Une eau qui n'est pas parfaitement claire et limpide, contient des matières étrangères, soit en suspension, soit en dissolution. Elle ne peut servir qu'après avoir été filtrée et soumise aux autres épreuves que j'indiquerai.

Inodore. — L'eau qui répand une odeur quelconque doit être rejetée de l'usage domestique, parce qu'elle renferme ou un gaz odorant, alors elle est médicinale, ou bien elle tient en suspension ou en dissolution des matières organiques.

L'eau doit être agréable à boire. — Le goût est le meilleur *réactif* pour apprécier un liquide, mais j'entends le goût non blasé. Quand on boit une eau avec plaisir, on est assuré qu'elle n'est ni salée, ni douceâtre, ni piquante, qu'elle n'est ni trop froide en hiver, ni trop chaude en été.

Aération. — Celle qui ne renferme pas une certaine quantité d'air en dissolution est dite *lourde*, *crue*, telles sont les eaux qui sortent des glaciers ou à une certaine altitude. Il est donc important, avant d'emprisonner l'eau dans les tuyaux qui doivent la conduire dans les villes, de lui faire parcourir un canal à ciel ouvert, et, si la pente le permet, de construire le canal en cascade.

L'eau doit dissoudre le savon. — Il n'y a presque pas d'eau qui ne tienne en dissolution plusieurs substances minérales, ce sont en général des sels de chaux, de magnésie, du sel marin. *Le carbonate de chaux*, quand il s'y trouve en petite quantité, est utile suivant les uns, inoffensif suivant les autres. Au contraire, *le sulfate de chaux* rend l'eau *dure*. Les eaux sulfatées sont dites *séléniteuses*; elles précipitent en grumeaux l'eau de savon, et ne peuvent servir ni pour boisson, ni pour laver le linge, ni pour faire cuire les légumes. Les chlorures et les azotates de chaux rendent aussi les eaux *séléniteuses*.

Elle doit cuire les légumes. — Cette épreuve est la confirmation de la précédente. Une eau qui précipite le savon renferme forcément un des sels de chaux que nous avons signalés comme nuisibles. En effet, le sulfate de chaux en se combinant avec la *légumine*, la durcit, la rend insoluble et s'oppose à la cuisson.

Épreuve par l'ébullition. — Quand, par l'ébullition, l'eau se trouble, c'est qu'elle renferme du carbonate acide de chaux ou du sulfate de la même base. En effet, la chaleur faisant perdre au liquide l'excès d'acide carbonique qui facilite la solution du carbonate, ce dernier se précipite. Par le même procédé, la solution de sulfate se concentrant, ce sel est également précipité.

Résidu de l'évaporation poussée jusqu'à la siccité. — Quand ce résidu chauffé et calciné devient noir, c'est une preuve que l'eau tient en dissolution des matières organiques. Je suppose qu'elle a été préalablement purifiée des matières en suspension par le filtrage.

Un dernier moyen, le plus pratique, pour reconnaître si une eau est potable, c'est d'en étudier la saveur et les effets qu'elle produit sur la santé des habitants qui s'en servent. L'expérience d'un long usage est, en définitive, la meilleure manière de juger.

Les eaux peuvent éprouver plusieurs genres d'altérations provenant, les unes des terrains sur lesquels elles coulent, les autres des tuyaux qui servent à les conduire et des réservoirs dans lesquels on les conserve.

1º La nature des terrains sur lesquels coulent les eaux, avant d'être enfermées dans les tuyaux qui doivent les conduire à leur destination, leur donne quelquefois des propriétés nuisibles. C'est ce qui arrive pour les eaux de rivières qu'on emploie maintenant à l'usage des habitants des grandes villes. Ces eaux sont toujours chargées de matières organiques soit en suspension, soit en dissolution. Elles peuvent être aussi séléniteuses. Il est indispensable de faire la prise d'eau au dessus de la ville; il faut aussi la clarifier soit par le repos, soit à l'aide d'un filtre. Pour l'usage d'une famille, un filtre en pierre est suffisant, il doit être nettoyé de temps à autre ; mais quand il s'agit de la consommation d'une ville, il faut employer un autre système.

Quand l'eau est débarrassée des corps tenus en suspension, elle peut servir à plusieurs usages, avant d'être employée en boisson, elle doit passer par d'autres épreuves.

De la matière des tuyaux et des réservoirs. — L'hygiène proscrit, d'une manière absolue, l'emploi du plomb, soit pour les conduites, soit pour les réservoirs.

On ne doit employer pour ces constructions que le fer, le ciment ou le verre recouvert de briques. Le fer présente lui-même quelquefois des inconvénients. Certaines eaux font développer dans l'intérieur des tuyaux des excroissances, des tubercules qui en diminuent le calibre. Le ciment et le verre sont à l'abri de ces accidents, malheureusement ce sont des matières trop fragiles. Les réservoirs en plomb ne peuvent être tolérés qu'à la condition de voir l'eau se renouveler souvent. Pour peu que le liquide renfermât de l'acide carbonique, je proscrirais tout à fait ce métal; j'aimerais beaucoup mieux qu'ils fussent construits en maçonnerie et revêtus de ciment ; le fer vaudrait mieux pour ceux qui sont de petites dimensions. Quant aux petits tuyaux de distribution, on pourrait employer l'étain au titre absolu. Les robinets en cuivre sont aussi une mauvaise chose; ici encore je donne la préférence à l'étain. Toutes mes exigences ne portent que sur l'eau employée en boisson.

Dans les petites localités, l'approvisionnement de l'eau est une question capitale ; il n'est pas toujours facile de s'en procurer en quantité suffisante. Les moyens employés pour subvenir aux besoins, varient beaucoup. Dans quelques endroits on filtre les eaux stagnantes. C'est un mauvais moyen; il vaut beaucoup mieux creuser des puits ou construire des citernes.

Des puits. — Quand les données de la science font espérer qu'on peut forer un puits *artésien*, c'est une tentative qu'il est bon de faire. Mais avant de s'engager dans des dépenses qui pourraient ne pas aboutir, il faut bien s'adresser. Lorsqu'on a aucun espoir d'avoir de l'eau par la sonde, il faut employer le vieux procédé, creuser un puits. Dans les constructions de ce genre, il faut se mettre à l'abri des infiltrations des matières organiques, ne pas bâtir avec du plâtre, mais avec du calcaire compact et puiser l'eau avec un sceau, ou par le moyen d'une pompe dont toutes les pièces soient en fer. Je ne veux, à aucun prix, que le cuivre soit en contact avec les boissons, j'ai de bonnes raisons pour être exigeant.

Des citernes. — Dans les pays où l'eau est rare, la citerne est un excellent moyen d'avoir de l'eau potable. Une citerne est un réservoir dans lequel sont conduites toutes les eaux de pluie qui tombent sur les toits d'une habitation. Cette eau est de bonne qualité quand les gouttières sont bien entretenues, et, lorsque, avant d'entrer dans le réservoir, elle traverse un lit de sable. Je voudrais voir placer dans la citerne quelques fragments de calcaire, et même un peu de vieilles ferrailles. Les raisons que j'apporte à l'appui de mon conseil sont les suivantes : Le carbonate de chaux donnerait les sels calcaires dont manquent les eaux pluviales, la vieille ferraille enlèverait, dans certaines villes où l'on travaille le cuivre, les portions de métal qui se volatilisent et peuvent souiller les toitures et les gouttières. Elle aurait, en outre, l'avantage de fournir à l'eau une proportion très-utile de fer.

Action de l'eau sur l'organisme. — On a accusé certaines eaux de produire le goître et, par suite, le crétinisme. La question est très-complexe et bien loin d'être jugée. Ce qu'il y a de positif, c'est que l'usage de certaines eaux entre pour quelque chose dans la production de cette maladie. L'eau, prise en quantité modérée, est le seul moyen de calmer la soif. Il n'est pas prudent de prendre l'habitude de boire de l'eau chaude, les fonctions digestives en sont bientôt altérées.

Quelle quantité d'eau peut-on absorber pendant une journée? En tenant compte de celle que renferme le bouillon, le vin et les autres liquides, la ration journalière est de deux à trois litres, cela dépend de la température ambiante. Quelques personnes restent en-deçà de cette limite, d'autres la dépassent soit en nature, soit sous forme de bière. S'il y a quelques organisations qui sont au-dessus du péril, l'abus produit en général des accidents. Parmi ceux qui ne boivent pas assez d'eau, je dois signaler ceux qui boivent trop de vin. En vous parlant des liqueurs fermentées, je vous ferai connaître les dangers de cet abus.

Conservation des eaux potables. — Je vous ai déjà parlé des citernes, comme moyen de conservation de l'eau. L'entretien de ces réservoirs demande des soins particuliers. C'est ainsi qu'il ne faut pas recueillir l'eau qui lave les toits de plomb, il en est de même de la première eau de pluie qui rencontre dans l'air une quantité variable de poussière organique ou inorganique. D'après M. Girardin, le fond de la citerne, quand elle est neuve, doit être garni de noir animal en grains. C'est un bon moyen de purifier l'eau et de lui enlever son excédant de sels calcaires, quand elle en renferme au-delà de ce qui convient. Enfin, la citerne doit être nettoyée aussi souvent qu'il est nécessaire.

Dans les villes, on conserve les eaux dans des établissements dits châteaux-d'eau. C'est de là qu'elles sont distribuées dans les différents quartiers. Ce que j'ai dit de la construction des citernes, s'applique exactement à celle des châteaux-d'eau. Le nettoyage doit se faire aussi souvent que l'exige l'enlèvement des dépôts qui se font à la partie inférieure du réservoir et des plantes aquatiques qui s'y développent.

Des boissons fermentées. — Après l'étude de l'eau, vient naturellement celle des liquides fermentés. J'étudierai les suivants : vin, cidre, poiré, bière, alcool, liqueurs.

Vin. — Le vin naturel est la meilleure des liqueurs fermentées; il ne doit être ni trop jeune, ni trop vieux et ne renfermer qu'une faible proportion d'alcool. Le vin d'un an ou de deux est celui qui convient le mieux. Pris pendant le repas, à doses modérées, et étendu d'une certaine quantité d'eau, le vin facilite la digestion, donne une certaine activité à la circulation et relève les forces. Celui qui ne se livre pas à un travail énergique, qui ne mange pas au-delà de ses vrais besoins, pourrait facilement ne boire que de l'eau. On a constaté que parmi les hommes qui sont arrivés à un âge très-avancé, le plus grand nombre était des buveurs d'eau. J'avoue que les exemples sont trop peu nombreux pour que je puisse en tirer un argument contre l'usage modéré du vin. J'aimerais mieux invoquer les usages des mahométans qui ne boivent pas de vin et qui cependant ne manquent pas de force. D'ailleurs, l'usage de cette boisson s'est tellement généralisé qu'il ne reste plus à l'hygiène qu'à signaler les ravages que cause l'abus qu'on en fait. Ici les exemples fourmillent; l'usage immodéré du vin dérange les fonctions digestives, diminue l'appétit et produit quelquefois l'ivresse. Le vin est exposé à un grand nombre de falsifications; pour ne parler que de celles qui compromettent la santé du consommateur, vous saurez que certains marchands guérissent l'acidité de leur vin en le mettant en contact avec de la craie, de la litharge; dans ce dernier cas, c'est un véritable empoisonnement.

L'alun est employé pour *soutenir* les vins, c'est-à-dire pour les empêcher de *pousser*; c'est encore une fraude dangereuse pour le consommateur; quand ils sont *poussés*, on les guérit par l'addition de l'acide sulfurique, cette fraude rend les vins purgatifs. Le cidre et le poiré, qu'on pourrait appeler des vins de pommes et de poires, s'obtiennent par la fermentation du jus de ces deux sortes de fruits. Tous les estomacs ne digèrent pas ces liquides; ce sont des boissons agréables, surtout en été; mélangées avec de l'eau, elles sont tempérantes; mais comme le vin, elles sont souvent falsifiées. D'ailleurs, elles ne sont appréciées que par les habitants des pays où on les fabrique ; je pourrais presque dire qu'elles ne *conviennent* qu'à ces consommateurs.

La bière. — C'est en quelque sorte un vin de grains. Toutes les bières contiennent de l'eau, de l'alcool, un principe amer, des huiles essentielles aromatiques. Le houblon lui donne une qualité que recherchent les amateurs ; le prix élevé de cette plante fait que les falsifications sont nombreuses. On remplace le houblon par la racine de gentiane (*gentiana lutea*), les feuilles du trèfle d'eau; ces substitutions ne sont pas dangereuses. Mais l'emploi de la *coque du levant*, de la noix vomique qui entrent normalement dans la fabrication de cette liqueur, devrait en être proscrit.

La bière est encore altérée accidentellement par les procédés mêmes de fabrication. C'est ainsi que les appareils peuvent y introduire des sels de cuivre, des sels de plomb, et l'eau que l'on emploie, du sulfate de chaux. La bière bien faite est une boisson agréable, d'une digestion facile, et qui, en été, prise avec mesure, désaltère agréablement. Dans certains pays, elle remplace le vin comme boisson de table. L'abus de la bière, comme de toutes les autres boissons fermentées, est déplorable, surtout si c'est de la bière forte. Ceux qui en boivent avec excès s'exposent à s'enivrer, mais à coup sûr, ils perdent leur appétit et finissent par engraisser, par devenir obèses. Cruelle punition de leur intempérance.

Alcool. — J'arrive à un liquide que je voudrais voir figurer dans les pharmacies parmi les substances vénéneuses. En effet, messieurs, l'alcool est un poison. Si vous en donnez une cuillerée à un lapin, il tombe mort, comme foudroyé. Étendu d'une quantité d'eau suffisante et introduit dans l'estomac de l'homme, il est immédiatement absorbé par les veines de l'estomac et porté dans le sang ; une partie est brûlée et produit aussitôt de la chaleur et une surexcitation passagère ; l'autre partie est éliminée par les poumons et mélangée à de la vapeur d'eau. C'est ainsi que s'explique l'odeur que répand l'haleine de celui qui a bu de l'eau-de-vie.

On extrait l'alcool de toutes les liqueurs fermentées. Le vin donne l'alcool vinique, ou simplement alcool. Le kirschenwasser est extrait des cerises écrasées avec leurs noyaux. Le tafia du moût de canne à sucre. Le rhum ou rum, soit des mélasses, soit de la sève d'un érable. On fait aussi des eaux-de-vie de graines, de pommes de terre, etc.

C'est avec les alcools bon goût que l'on confectionne les nombreuses liqueurs de table diversement aromatisées et sucrées que l'on trouve dans le commerce. Le nombre en est grand, ce sont l'anisette, l'élixir de Garus, la Chartreuse, etc., etc. Les liqueurs agissent comme l'alcool, avec cette différence qu'elles sont moins rapidement absorbées. Les eaux-de-vie, qui ne sont autre chose que de l'alcool étendu d'eau, sont falsifiées avec du poivre, du gingembre, de l'ivraie, etc. ; elles peuvent aussi contenir des sels métalliques provenant des appareils qui ont servi à la distillation.

Les effets produits par les liqueurs fermentées ou par l'alcool varient suivant une multitude de circonstances, et aussi suivant l'âge, le sexe, le tempérament, le climat, et en raison de l'habitude.

Les enfants et les jeunes gens supportent moins ces boissons que les adultes. Certains vieillards, par l'habitude, peuvent en prendre des doses extraordinaires. D'après le docteur Fleury, les sujets sanguins, nerveux, excitables, sont plus influencés que les individus faibles et lympathiques.

Dans les climats froids et dans les climats chauds, mais humides, les boissons alcooliques prises à doses modérées, sont utiles, mais l'excès produit les résultats les plus funestes. « L'alcool, dit un auteur, voilà notre ennemi le plus cruel et la véritable plaie de l'Algérie. »

L'abus continuel des liqueurs alcooliques (vin, eau-de-vie, bière) constitue l'*ivrognerie*. Les mots ivresse et ivrognerie ne signifient pas la même chose. L'ivresse est l'état de celui qui est sous l'influence des liqueurs alcooliques, état qui peut être l'effet d'une surprise, d'une mauvaise disposition, ou de l'ingestion de liquides sophistiqués, tandis que l'ivrognerie est la permanence de l'ivresse. Contracter cette habitude est, à mon sens, le plus grand malheur qui puisse arriver à un homme. L'ivrogne, avant de succomber aux maladies physiologiques qu'il contracte fatalement, a vu s'éteindre chez lui l'intelligence d'abord, puis le sens moral, et finit par être un objet de mépris pour tous ceux qui ont le respect d'eux-mêmes.

J'emprunte à un auteur la statistique suivante : Ce sont les effets de l'esprit de vin à New-York pendant dix ans.

Il a imposé à la nation une dépense directe de trois milliards.

Il a fait périr *trois cent mille individus*;

Il a envoyé *cent mille enfants* dans les maisons de pauvres ;

Il a consigné *cent cinquante mille personnes*, dans les prisons ;

Il a fait *cent mille* fous ; *quinze cents* assassins ; *deux mille* suicides ; *deux cent mille* veuves et *cent mille* orphelins.

Ces chiffres disent, avec assez d'éloquence, quels sont les désastres que produisent les liqueurs fermentées, et forcent le philosophe à se demander s'il n'y aurait pas un grand avantage à les proscrire complètement.

En France, le mal a fait tant de progrès, que le *pouvoir* s'en est ému, et a provoqué la promulgation d'une loi pour essayer d'en arrêter les ravages.

Après le martyrologe des victimes de l'alcool, il me reste à vous parler des boissons aromatiques. Ici, au moins, je n'aurai presque que des éloges à faire. J'appelle boisson aromatique les infusions de café, de thé et la bouillie faite avec le chocolat.

Café. — Dans le commerce on donne ce nom aux graines du *coffea arabica*, plante de la même famille que la garance. Les espèces sont nombreuses : les plus estimées sont le *Moka*, le *Bourbon*, le *Martinique*, le *Java*. Le mélange de quelques-uns, constitue, pour les vrais amateurs, le sublime des qualités que peut avoir le café. Aujourd'hui c'est une science que de bien préparer cette boisson. La torréfaction doit être poussée jusqu'à ce que les grains aient acquis une couleur rousse légèrement foncée, on ne doit le moudre qu'au moment de le préparer, enfin il se fait par infusion et doit être pris chaud. Ce qui implique que le café fait par décoction et réchauffé est une boisson détestable, bon tout au plus, comme dit Brillat-Savarin, à gratter le gosier d'un Cosaque. Le café, pris à petite dose, accélère la circulation, facilite la digestion, guérit souvent la migraine et combat les accidents des boissons alcooliques, c'est une excellente boisson dans les pays chauds, dans les pays humides. Quand vous aurez à faire des excursions dans les montagnes, des voyages à pied, en guise de rhum, d'eau-de-vie, portez avec vous un flacon d'infusion de café. Quelques petits verres de cette liqueur vous permettront de supporter facilement la faim, la soif, la chaleur, tout en vous donnant de l'énergie pour la marche. Il en est de cette boisson comme de tous les objets de consommation, elle doit être interdite à certains tempéraments. Quelques affections veulent qu'on s'en abstienne. Dans ces circonstances, c'est la médecine qui doit parler ; l'hygiène n'a plus à intervenir.

Le café devrait dans toutes les circonstances remplacer les liqueurs alcooliques.

Comme toutes les matières alimentaires, ce produit n'a pas échappé aux souillures de la fraude. Voici l'énoncé de quelques-uns de ces méfaits.

1° On a vendu des produits avariés ; 2° on a mélangé avec du café réel de faux café fabriqué avec de l'argile coloriée ; le café en poudre est exposé à bien d'autres sophistications malfaisantes, c'est de la chicorée, de la poudre de café qui a déjà servi, du sang desséché et pulvérisé, des foies d'animaux traités de la même manière que l'on mélange avec du vrai café. Je ne vois pas d'autres moyens de se soustraire à tout ce brigandage que d'acheter son café et de le torréfier soi-même. Je ne vous parlerai pas de toutes ces autres préparations, de toutes ces poudres que l'on décore du nom menteur et prétentieux de *Café de.....* etc. Leur moindre défaut, quand elles n'en ont pas d'autres, est d'être complètement inertes, tandis que le café est un véritable aliment.

Thé. — Cette plante est en usage depuis fort longtemps en Chine; il n'y a guère que deux cents ans qu'elle a été importée en Europe par les Hollandais. Depuis cette époque, elle a fait la conquête du monde. La consommation qui s'en fait en Angleterre, atteint chaque année un poids presque incroyable, *quinze millions* de kil. La France est un peu plus modérée, elle n'en consomme que 50 à 60 fois moins, mais en revanche, elle boit plus de café, ce qui n'est pas un mal. Toutes les espèces de thé proviennent d'un même arbrisseau; leurs différences résultent du mode de préparation et de l'état plus ou moins avancé des feuilles au moment où elles sont récoltées. On peut rapporter toutes les variétés à deux sortes, les thés verts et les thés noirs. Les thés verts, qui sont les plus forts, conviennent aux peuples mous, lymphatiques, habitants des pays humides, les Hollandais, les Belges, les Anglais. Chez nous les thés noirs sont préférables, parce qu'ils sont moins excitants, et surtout parce qu'ils sont moins frelatés. Cette boisson doit se préparer par infusion; cinq à six grammes par litre d'eau; le thé doit être servi après 15 à 20 minutes, le laisser infuser plus longtemps, c'est s'exposer à lui voir perdre son arome et prendre un goût amer; c'est une boisson agréable, stimulante; elle est très-bonne pour combattre le refroidissement.

Le thé mérite-t-il les reproches qu'on lui a faits? je ne le pense pas; la vogue dont il jouit, à juste titre, prouve surabondamment qu'on a exagéré. Il est bien certain que celui qui boirait tous les soirs quatre à cinq tasses de thé, éprouverait les mêmes accidents que s'il absorbait une trop grande quantité d'eau chaude. Comme tous les produits qui viennent de loin, et qui ont une grande valeur vénale, le thé n'a pas échappé à la sophistication ; on avive sa couleur par des sels de cuivre, de plomb, de chaux. Les amateurs de thé découvrent bientôt la fraude ; le palais, chez eux, est un réactif qui les trompe rarement.

Chocolat. — Je ne puis clore cette étude des aliments aromatisés sans vous dire quelque chose du chocolat : c'est un mélange de sucre et de cacao. Linéus appelait l'arbre qui produit le cacao, *theobroma* (nourriture des dieux). De tous les produits industriels, le chocolat est celui qui subit le plus de sophistications.

Dire tout ce que l'on emploie pour faire du chocolat, personne ne le peut, parce que personne ne le sait. Je me bornerai à vous avertir que, à l'époque actuelle, lorsque vous achèterez du chocolat au-dessous de 4 fr. 50 le kilog, vous pourrez en suspecter la qualité.

Pourquoi vos familles ne feraient-elles pas ce qui se pratique dans quelques villes ? Deux ou trois ménages se réunissent pour acheter du *cacao caraque* pur, ou mélangé avec du *cacao maragnon* et font venir un ouvrier chocolatier qui, avec tout l'attirail nécessaire, fabrique à domicile d'excellent chocolat. Par ce moyen, on l'aromatise d'abord à sa façon, soit avec la vanille, soit avec la canelle et l'on a un produit sûr, dont le prix, avec les taxes récentes qui pèsent sur les cacaos et les sucres, ne dépasse pas beaucoup 4 francs le kilog. Vous pouvez croire qu'un chocolat qui n'épaissit pas par la cuisson et ne laisse pas de résidu pulvérulent au fond du bol, est probablement de bonne qualité.

Le Racahout, n'est autre chose que de la fécule mélangée

avec de la poudre de cacao, du sucre et aromatisée convenablement ; c'est une préparation qui, sous le rapport de la nutrition, vaut moins que le chocolat.

CINQUIÈME LEÇON.

Hygiène des sens. — Veille et sommeil. — Travaux intellectuels et travaux manuels.

Messieurs,

L'homme est mis en rapport avec le monde extérieur, c'est-à-dire qu'il connaît ce qui se trouve autour de lui, au moyen d'appareils spéciaux. Ce sont les organes des sens. Il y a cinq sens dont voici l'énumération, d'après leur portée ou la distance à laquelle peuvent agir les excitants qui les mettent en jeu, ce sont : 1° le tact et le toucher ; 2° le goût ; 3° l'odorat ; 4° l'ouïe ; 5° la vue.

1° *Du tact et du toucher.* — Ces deux mots ne doivent pas avoir pour vous la même signification. Le tact, que l'on appelle aussi sensibilité générale, a pour organe toute la surface de la peau et toutes les muqueuses accessibles aux corps extérieurs. Il faut aussi que sous l'épiderme viennent s'épanouir des filets nerveux. La fonction s'exerce avec d'autant plus de délicatesse et de certitude que la peau est plus souple, moins couverte de poils ou qu'elle en est complètement dégarnie. Elle doit être aussi dans un certain degré d'humidité. Une peau sèche, malpropre ou dont l'épiderme est atteint d'une de ces maladies qui le rendent épais, cassant, qui le font se détacher en plaques minces; une peau dans de telles conditions ne fonctionne qu'imparfaitement ; au contraire le tact est très-délicat, quand l'épiderme est mince et s'il vient à être enlevé, la sensation est très-douloureuse.

Ce sens fait connaître plusieurs propriétés de la matière. C'est par lui que nous jugeons de la température des corps, de leur poids, de l'état dans lequel ils se trouvent, s'ils sont solides, liquides ou gazeux, s'ils sont en mouvement ou en repos. La sensibilité générale présente de grandes et nombreuses variétés. Elle est plus grande chez les enfants que chez les hommes faits, très-délicate chez les femmes. Elle devient de plus en plus obtuse chez ceux qui s'habituent de bonne heure à une vie dure et pénible, qui s'aguerrissent contre les intempéries de l'air et toutes les variations atmosphériques. Il est très-utile, j'en suis convaincu, d'acquérir un peu de cette insensibilité.

Le toucher, qu'on pourrait appeler le tact intelligent, perfectionné, n'a plus pour organe qu'une portion limitée de la peau. Ce sont les doigts par leur face palmaire, la pointe de la langue, les lèvres. C'est par le toucher que nous connaissons des propriétés de la matière que le tact ne pouvait reconnaître. Telles sont l'élasticité, le poli, la rugosité et, avec l'étude et l'exercice, la nature de certains corps. Il y a plus, chez les aveugles, le toucher finit par remplacer en partie l'organe de la vue.

La peau est tout à la fois un organe de sensibilité et un organe de secrétion et d'absorption. Pour que l'intégrité de ses fonctions organiques soit maintenue, elle doit être tenue dans un état de propreté convenable et mise à l'abri des maladies qui peuvent l'atteindre. Toute l'hygiène de la peau se réduit à prendre des bains.

Quant à l'organe du toucher, qui est la main, il demande des soins particuliers. Les ongles ne doivent pas être trop longs, parce qu'ils empêchent la fonction de s'exercer facilement. Les callosités qui se développent dans la paume de la main et à l'extrémité des doigts par le maniement de certains outils, rendent le toucher obtus. S'il est utile que la peau soit légèrement humide pour augmenter la finesse de ce sens, l'excès produit un effet contraire. Les engelures exagèrent la sensibilité générale, la portent quelquefois jusqu'à la douleur et diminuent d'autant l'activité de la fonction spéciale.

Sens du goût. — Le goût a pour organe la peau ou la muqueuse qui tapisse la cavité de la bouche et particulièrement le dos de la langue. Des nerfs particuliers viennent se terminer dans l'épaisseur de cette muqueuse. Placé à l'entrée des voies digestives, ce sens est là comme une sentinelle qui ne doit laisser passer que les matériaux utiles à la nutrition et refuser le passage à tout ce qui pourrait être nuisible. Si, chez l'homme, le goût manque à sa mission essentielle, en n'avertissant pas toujours que certaines substances sont nuisibles ou vénéneuses quelquefois, cela ne tiendrait-il pas à ce que ce sens a perdu une partie de sa finesse primitive, par l'usage intempestif et immodéré de certains condiments? J'en suis convaincu, chez les animaux que la domesticité n'a pas trop dégradés, ces erreurs du goût n'ont pas lieu.

La perception des saveurs varie beaucoup avec les individus, les usages culinaires, les climats et les habitudes. Suivant quelques physiologistes le sens du goût est susceptible *d'éducation*.

Rien n'est plus vrai ; mais à cause de cette aptitude, il peut également se pervertir ou se perdre tout à fait ; c'est ainsi que dans le coryza (rhume de cerveau), on ne perçoit presque plus les saveurs. L'enfant a le goût très fin pour les saveurs naturelles, il en saisit avec une justesse et une rapidité de jugement les plus légères altérations. Dans un âge plus avancé, l'organe n'est excité que par des conbinaisons de saveurs, et, chez certains viellards, la perception de ces sensations conbinées est portée très-loin. J'ai lu quelque part, que c'était là le *nec plus ultra* de la perfection ; c'est pour moi le *summum* de perversion. A propos de la perfectibilité du goût, je dois mentionner les *dégustateurs* qui apprécient les qualités du vin, disent le crû, l'âge et la nature des mélanges quand ils ont eu lieu. Je suis convaincu que ces messieurs se trompent plus d'une fois, mais ce qui est plus positif, c'est que par suite de cette *spécialisation* de l'organe, ils deviennent inhabiles à saisir d'autres saveurs.

Pour que ce sens conserve toute son intégrité, il faut que l'appareil soit intact ; de là le conseil de surveiller la muqueuse de la bouche, les dents et les fosses nasales. Les dents sont altérées par l'usage immodéré du vinaigre, des limonades et des boissons gazeuses. Les liqueurs alcooliques, les condiments acres, les mets trop salés et trop épicés, font perdre à la muqueuse de la bouche sa finesse et sa sûreté d'appréciation. L'habitude de fumer agit également sur le goût et sur l'odorat.

De l'odorat. — Ce sens a pour organe la muquéuse qui tapisse les fosses nasales et les nerfs spéciaux qui s'y épanouissent. L'odorat est, comme le goût, placé à l'entrée des voies digestives pour veiller et ne rien laisser passer qui puisse être nuisible ou dangereux. Ce sens préside à la conservation et à la nutrition.

Certains auteurs ont dit que, chez l'homme, c'est plutôt un sens d'agrément que d'utilité. C'est une erreur. Les personnes qui ont perdu l'odorat, soit accidentellement par un coryza, soit définitivement par l'usage du tabac à priser, ne perçoivent pas la saveur de certains aliments : des fraises, du fromage, etc.

Ce sens est plus fin chez les enfants que chez les adultes, mais il est moins *instruit*, c'est-à-dire que les enfants ne savent ni classer, ni définir les sensations. C'est ainsi que pour eux toutes les odeurs fortes et désagréables sont de mauvaises odeurs. Dire que c'est seulement un sens d'agrément, c'est oublier que *l'on respire plus par le nez que par la bouche*, et que l'odorat est chargé d'apprécier les qualités de l'air qui pénètrent dans les poumons. Il est facile, d'après ce qui précède, de tracer les règles de l'hygiène de ce sens, éviter comme le font certains enfants, de s'introduire des corps étrangers dans les fosses nasales, ne pas contracter l'habitude de priser, soit du tabac, soit du camphre, soit du sucre. Ne pas abuser des odeurs fortes, telles que le vinaigre anglais, et ne pas faire de sa chambre un parterre de fleurs odorantes.

De l'ouïe. — L'organe de l'ouïe est l'oreille, appareil très-compliqué, presque complètement caché dans la profondeur d'un os. La partie accessible à notre vue se compose du pavillon et du conduit auditif externe; c'est par excellence le sens de la vie de relation ; il nous fait jouir de tous les avantages du langage parlé, et nous permet de ressentir les émotions que produit la musique. L'excitant naturel de cet organe est le son dont l'intensité varie beaucoup. Un son très-intense peut produire des désordres graves ; c'est ainsi que les détonnations de grosses pièces de canon ont rendu sourds des artilleurs. L'habitude d'entendre parler à haute voix, d'entendre crier, fatigue l'organe, le rend paresseux et moins impressionnable. Par opposition, vivre dans le silence, n'entendre que des sons faibles, donnent à l'ouïe une trop grande sensibilité, qui peut dégénérer en maladie.

L'absence ou la perte de la conque rend confuse la perception des sons. Il est important de se garantir de cet accident; c'est pourquoi dans les pays très-froids, il est nécessaire de se couvrir les oreilles pour ne pas les voir se geler. Notre climat ne réclame que très-rarement cette précaution. Il vaut mieux s'aguerrir contre les intempéries des saisons, c'est le meilleur moyen de se garantir des douleurs d'oreilles.

A l'entrée du conduit auditif externe, se trouvent des follicules sébacés qui versent dans ce canal une substance jaune, c'est du cerumen. La sécrétion est quelquefois si abondante qu'elle forme des tampons assez gros pour obstruer complètement ce conduit. Il est important de le nettoyer souvent. Opération qui doit se faire avec un cure-oreille et avec précaution.

L'oreille moyenne communique avec l'arrière bouche par un canal, certaines maladies de la gorge peuvent boucher momentanément, quelquefois définitivement, l'ouverture de ce conduit. La surdité en est la conséquence. De là l'importance de ne pas s'exposer à contracter des maux de gorge.

Les enfants s'introduisent souvent des corps étrangers dans l'oreille; ce sont des pois, des haricots, un fragment de crayon etc. On ne saurait trop les surveiller sous ce rapport.

L'ouïe s'affaiblit avec l'âge; les personnes chez lesquelles cette infirmité se produit, se servent avec avantage d'un cornet acoustique. L'usage et l'habitude font qu'on s'accoutume à entendre certains bruits sans en être incommodé, sans être troublé dans son sommeil. C'est l'histoire du meunier qui s'éveille quand le tic-tac de son moulin est arrêté. Mais je crois qu'il est impossible de se faire au bruit strident que font les chaudronniers. Je déclare leur industrie un art insalubre.

De la vue. — Ce sens a pour organe l'œil. C'est le plus important de tous pour la conservation de l'individu. Si l'animal qui vit en liberté vient à perdre la vue, il est condamné, soit à périr de faim, soit à devenir bientôt la proie de ses ennemis. La perte de ce sens est pour l'homme la plus grave et la plus douloureuse des infirmités.

L'hygiène de la vue se rapporte 1° au globe oculaire ; 2° au nerf optique ; 3° à l'excitant de l'organe qui est la lumière, soit naturelle, soit artificielle. Le premier soin que réclame les yeux, c'est de les soustraire aux chocs et aux violences extérieures. Il faut aussi maintenir, par un régime convenable, les tissus qui les composent, dans un état physiologique normal. Les *yeux rouges*, comme on dit, sont les yeux dont la conjonctive est injectée de sang. Dans ces circonstances la vue n'est pas nette. Les causes de cette rougeur sont multiples. C'est une cravate trop serrée, une trop grande chaleur de la tête, un excès dans le boire et le manger, l'abus des liqueurs alcooliques. Un médecin rapporte l'exemple de plusieurs myopes devenus aveugles par l'usage immodérée de l'absinthe ou de l'eau-de-vie. Quant au nerf optique, il peut être atteint d'une manière indirecte. C'est ainsi que tout ce qui agit sur le système nerveux, soit spécial, soit général, altère souvent la vue ; c'est par leur action directe sur les centres nerveux que certaines habitudes, peu avouables ont rendu aveugles plusieurs jeunes gens. Les passions violentes produisent quelquefois des altérations profondes ; on a vu des individus perdre la vue à la suite d'un violent accès de colère, d'une grande frayeur, d'une joie excessive. Je vous ai déjà parlé des dangers qu'il y a d'exposer l'œil à une lumière trop vive, je n'ai pas à y revenir.

L'oubli des règles de l'hygiène produit bien des maladies de l'organe de la vue; mais je suis forcé de convenir que, pour beaucoup de personnes, cet oubli n'est pas volontaire; c'est ainsi que les graveurs, les horlogers qui sont obligés de faire un usage fréquent de la loupe, ont une grande sensibilité de l'œil et une vue affaiblie.

Veille. — La vie chez l'homme, comme chez les animaux, se manifeste et se perpétue par l'intermittence de l'activité et du repos des fonctions de relation. Quand ces fonctions sont en activité, c'est l'état de veille; quand elles sont en repos, c'est le sommeil. Je ne chercherai pas à répondre à cette question : pourquoi l'homme veille-t-il pendant le jour et dort-il pendant la nuit ? Si je parvenais à pouvoir le dire, il me resterait à répondre à cette autre demande : pourquoi le loup, le renard et quelques félins dorment-ils pendant le jour et chassent-ils pendant la nuit ? Ce sont là des problèmes qui n'intéressent pas l'hygiéniste. Je n'ai qu'une chose à faire, rechercher quelles règles, quelles mesures doit observer l'homme dans l'exercice des fonctions de relation, c'est-à-dire, dans l'état de veille et dans l'état de repos.

En dehors des fonctions végétatives qui s'accomplissent à notre insu et sans la participation de notre volonté, nous ne pouvons rien faire qui ne produise en nous une destruction, une consommation d'une portion des tissus qui composent nos organes. En un mot, nous *dépensons*. Cette dépense atteint son maximum pendant la veille et varie avec une multitude de circonstances. Les ouvriers qui travaillent pendant la nuit dépensent le double de ceux qui ne travaillent que pendant le jour, l'alimentation devrait être le double. Ce n'est pas ainsi qu'ils procèdent, ils font usage de boissons alcooliques et prennent pour un réconfortant ce qui ne leur donne qu'une stimulation éphémère. Celui qui prolonge ses veilles au-delà des limites, je veux dire au delà de la résistance organique, produit une dépense exagérée qui ne se compense plus. Forcément il dépérit, perd ses forces et vieillit avant l'âge. L'abus des veilles produit des désordres très-variables sur la santé ; les uns perdent le sommeil, d'autres l'appétit, chez les uns le travail intellectuel n'est possible que la nuit, chez le plus grand nombre les troubles fonctionnels sont portés à ce point que la vie n'est plus possible. Messieurs, dans quelques jours, plusieurs d'entre vous jouiront de cette liberté que vous désirez depuis longtemps, je souhaite que vous n'en profitiez pas pour dépenser, dans des veilles trop tumultueuses et trop prolongées, le plus précieux de vos biens, votre belle santé. Les distractions, les plaisirs honnêtes ne sont point interdits à votre âge ; vous pouvez en user sans remords, mais il vous est interdit d'aller jusqu'à l'abus. Vous trouverez toujours la limite que vous ne devrez pas franchir en vous posant ainsi la question : si mon père, si ma mère me voyaient, irais-je jusque là ?

Du sommeil. — C'est le remède par excellence pour réparer les pertes de substance que font les organes pendant la veille et pour dissiper les fatigues du jour. Le sommeil n'est calme et réparateur que lorsque la conscience ne nous fait aucun reproche, que l'âme n'est troublée par aucune passion tumultueuse, et que les travaux de la journée, soit manuels, soit intellectuels n'ont pas été poussés trop loin.

Besoin de sommeil. — D'une manière absolue, l'homme ne peut être privé de sommeil. Les individus qui résistent volontairement ou forcément à ce besoin, ne peuvent le faire longtemps sans souffrance et finissent bientôt par succomber. Le sommeil arrive malgré leur volonté et malgré les périls. On peut dormir pendant le jour ou pendant la nuit ; je ne partage pas l'opinion de ceux qui pensent qu'on ne peut sans danger employer le jour au sommeil et la nuit au travail. Certaines industries forcent ceux qui les exercent à se conduire ainsi et je n'ai pas vu qu'ils se portassent plus mal que d'autres, quand ils pouvaient dormir six heures d'un sommeil calme et tranquille.

Le besoin de dormir varie avec l'âge, le tempérament, le climat, le régime alimentaire, les professions, les habitudes.

Age. — Les enfants et les jeunes gens ont un besoin impérieux de sommeil. Les jeunes enfants passent leur vie à dormir ou à têter. Jusqu'à l'âge de 8 à 9 ans, ils ont besoin de 10 à 12 heures de sommeil. Ce besoin s'affaiblit progressivement pour descendre au minimum de 6 à 7 heures. N'oubliez pas que ces chiffres n'ont rien d'absolu.

Tempérament. — Les personnes grasses, obèses, ont besoin d'un sommeil plus prolongé que celles qui sont d'un tempérament sec, nerveux. Les premières dorment lourdement, elles sont plongées dans la matière. Les autres ont le sommeil léger.

Le climat. — Dans les pays chauds, le sommeil est plus nécessaire que dans les stations froides. Dans nos colonies, en Afrique, la *sieste*, ou l'habitude de dormir vers le milieu du jour, est indispensable. Chez nous, pendant les fortes chaleurs de l'été, nous éprouvons ce besoin.

Régime alimentaire. — Les personnes qui mangent beaucoup de viande, qui boivent beaucoup de liqueurs fermentées, ont le sommeil plus lourd et plus prolongé que celles qui suivent un régime opposé et qui vivent en *hommes*.

De plus, les gros mangeurs voient leurs facultés intellectuelles devenir moins vives et, souvent, diminuer considérablement.

Professions. — D'une manière générale, on peut dire que la durée du sommeil doit être proportionnelle à la perte qu'ont éprouvée les organes, pertes qui sont en rapport avec les efforts produits.

Habitude. — Chaque individu peut régler la durée et les heures de son sommeil.

Conditions extérieures. — Le sommeil doit être pris dans un appartement convenablement vaste, dans lequel il n'y ait ni fleurs, ni odeurs fortes. Le lit ne sera pas trop mou, les matelas de crin sont excellents.

Durée du sommeil. — Les jeunes gens, d'une constitution normale, dorment huit heures. S'ils ont de la tendance à prendre de l'embonpoint, ils doivent diminuer les heures de sommeil.

Au contraire, ceux qui sont d'une constitution faible prendront un peu plus de repos. Pour les adultes, il ne peut y avoir rien de bien déterminé. L'homme qui s'est livré pendant toute une journée à un travail énergique, soit des muscles, soit du cerveau, doit dormir plus longtemps que lorsqu'il a dépensé moins d'énergie.

Une règle importante à observer, c'est de ne pas réveiller en *sursaut* une personne qui dort. Il peut en résulter, pour celui qui est ainsi réveillé, des troubles nerveux d'une gravité sérieuse.

Travaux intellectuels et travaux manuels. — On appelle travail, d'une manière générale, la mise en activité d'un organe de la vie de relation. La division qui consiste à faire deux groupes de travaux, les uns intellectuels et les autres manuels serait on ne peut plus inexacte, si l'on prétendait indiquer par là que l'intelligence ne joue aucun rôle dans les travaux manuels et réciproquement. Ne vous y trompez pas, messieurs, l'ouvrier qui construit ces admirables machines dont s'est enrichie l'industrie, fait peut-être plus travailler son cerveau que ses mains : il exécute à la fois un travail intellectuel et manuel. Le cordonnier, qui livre à ses clients des chaussures élégantes et commodes tout à la fois, déploie, dans l'exercice de son métier, plus d'intelligence que bon nombre d'écrivains vulgaires.

On appelle plus particulièrement *travail intellectuel*, celui qui exige presque exclusivement la mise en jeu des facultés cérébrales : tel est celui des poëtes, des littérateurs, des mathématiciens, des professeurs, etc. Par opposition, on appelle *manuel* celui dans lequel l'action musculaire joue le principal rôle. C'est celui que font les cultivateurs, les manœuvres et tous les hommes de peine. Je fais une troisième catégorie que j'appelle *travaux mixtes :* ce sont ceux qui réclament à la fois le concours de l'action musculaire et de l'action cérébrale : tels sont ceux qu'exécutent les menuisiers, les cordonniers, les serruriers, etc.

Il n'est pas donné à tous les hommes d'avoir un cerveau doué de grandes aptitudes, ou des muscles capables de longs et puissants efforts. Ces inégalités organiques ont pour conséquence des inégalités dans les aptitudes et constituent des causes intrinsèques de maladies. C'est ainsi que, pour accomplir un travail déterminé, l'un dépensera plus de contention d'esprit, plus de forces musculaires qu'un autre mieux doué, soit sous le rapport de l'intelligence, soit sous le rapport des muscles.

Les règles de l'hygiène pour les différents travaux se trouvent implicitement formulées, dans les leçons précédentes. Je dois vous parler de quelques soins hygiéniques que vous aurez à prendre dans la position que vous aurez. Au sortir de cette maison ; vous allez être des *étudiants*. Ceux qui étudieront la médecine, feront bien de ne jamais entrer dans l'amphithéâtre, ni dans une salle de malades en temps d'épidémie surtout, sans avoir pris un peu d'aliment liquide, un potage, une soupe, une tasse de café au lait ou de chocolat. Les étudiants, en général, sont peu ménagers de l'argent. Dans les jours de détresse relative, l'alimentation est insuffisante, ou mal préparée, ou de mauvaise qualité quelquefois. Mais quand la richesse rentre au logis, c'est un jour de festin, presque toujours; alors, il y a des écarts et même des excès. Certaine catégorie d'étudiants s'imaginent donner une preuve de leur émancipation en fréquentant, plus que de raison, les cafés, les cabarets, où ils passent une partie de leur temps à boire et à jouer. Ceux qui ont l'âme bien trempée ne reçoivent aucune atteinte de ces écarts momentanés; ils reviennnent bientôt à une conduite régulière. Mais il y en a d'autres qui en prennent définitivement l'habitude. S'ils ne sont pas fortement constitués, ils périssent bientôt par suite de leurs excès ; s'ils ne meurent pas rapidement, ils rentrent dans leurs familles avec un vice de plus. Il me suffit de vous avoir signalé le péril, pour être certain que vous l'éviterez.

SIXIÈME LEÇON.

Exercice et repos. — Gymnastique. — Exercices spéciaux. — Natation. — Équitation. — Escrime. — Danse

Lorsque, chez l'homme, quelques-uns des organes de la vie de relation sont en activité, on dit qu'il fait de l'exercice. Dans le cas contraire, quand aucun organe ne fonctionne, il est en repos. La vie de relation se manifeste par deux ordres de phénomènes, les uns se rapportent aux mouvements, les autres à la *sensibilité*. Quand la motilité est en jeu, c'est l'exercice physique; quand c'est la sensibilité, c'est l'exercice intellectuel. N'oubliez pas cette grande loi qui gouverne les êtres organisés : c'est que tout organe est appelé à remplir une fonction, à jouer un rôle déterminé, nécessaire, et cela dans une mesure parfaitement définie. Si, par un concours de circonstances, il y a trop de travail ou pas assez, il se produit dans la santé un trouble plus ou moins profond. Tout organe qui travaille trop prend un développement anormal. C'est ce qui arrive pour le membre thoracique du côté droit chez les forgerons, chez ceux qui liment beaucoup et avec effort. Par la même raison, les boulangers ont les bras plus développés que les jambes, le contraire a lieu pour les danseurs de profession. Le repos produit des effets contraires. Quand il est absolu, l'organe finit par s'atrophier, quand il est temporaire, il y a dépérissement. Ce que je dis des organes de la motilité est aussi vrai pour ceux de l'intelligence. L'homme qui laisse son cerveau dans l'oisiveté voit ses aptitudes diminuer et se perdre en partie. Vous verrez avec quelle difficulté on fait comprendre les choses les plus simples, (quand on peut y arriver) à ces hommes qui n'ont aucune culture intellectuelle. De ces considérations générales découle pour vous le précepte suivant : Le corps sera placé dans les meilleures conditions de santé, lorsque l'on fera alterner le travail de l'esprit avec le travail du corps. Aussi, messieurs, quand on vous voit employer vos récréations à des promenades nonchalantes, on croirait, que la vieillesse vous a déjà glacé le sang dans les veines. Chaque semaine, quand je signe *la feuille de votre menu*, je suis tenté de demander la diminution des aliments gras, pour les remplacer par des féculents. Vous devez vous rappeler que les corps gras demandent aux individus qui en font usage un travail énergique. Ainsi, messieurs, il n'y a pas de milieu, employez vos récréations à des exercices plus actifs que vos promenades péripatéticiennes, ou j'userai de toute mon influence pour faire modifier votre régime alimentaire et le mettre plus en rapport avec votre inertie musculaire. Je n'ai pas accepté les fonctions de médecin du lycée pour être complaisant, mais bien pour veiller avant tout à votre santé, et secondairement pour vous soigner.

Effets de l'exercice musculaire. Lorsque l'exercice musculaire est modéré, c'est-à-dire dans les limites convenables à chaque individu, il facilite et favorise les fonctions de la vie végétative. La digestion se fait mieux, la circulation est plus active et la respiration plus fréquente. Cette accélération des mouvements respiratoires entraîne une plus grande absorption d'air et partant une plus grande combustion et l'augmentation de la chaleur; ce sont là des faits parfaitement connus de vous. Toutes les fois que la calorification n'est pas suffisante, vous l'activez soit en courant, soit en sautant sur place. La calorification ne peut se produire que par une destruction de substance; il s'ensuit qu'un des effets secondaires de l'exercice est de réveiller l'appétit. Autant l'exercice modéré est utile à la santé, autant l'exercice immodéré peut lui être nuisible, dans le cas surtout où il serait habituel et se ferait sans une réparation alimentaire suffisante.

De l'exercice cérébral. — Pour les observateurs superficiels, un cerveau plus ou moins *lourd* n'a pas d'influence sur la *motilité*. C'est une grande erreur. Sans rapporter les circonstances où la passion donne plus de force aux bras, plus d'agilité aux jambes, vous pourrez reconnaître à ses allures un individu sans intelligence, d'un autre qui aura fait travailler son cerveau. Celui qui met en activité ses facultés intellectuelles en augmente la puissance et, établit, ainsi, un équilibre salutaire entre l'esprit et la matière. Comme pour le mouvement, l'exercice cérébral doit rester dans les limites que lui assignent l'âge et le développement de chaque individualité. L'excès produit d'abord la congestion, et, s'il se continue des maux de tête variables d'intensité.

Principaux exercices musculaires. — En dehors des exercices spéciaux dont je dois vous parler, je vais vous entretenir de ceux auxquels se livrent presques tous les hommes ; ce sont : la marche, la course, le saut, la chasse. Je vous dirai quelques mots de ceux que vous négligez beaucoup trop pendant vos récréations : le jeu des barres, le jeu de paume.

La marche. — Elle peut s'effectuer sur un terrain plan, on peut avoir à descendre une rampe, ou bien à gravir une côte. Quand on se meut sur un terrain plan, ferme et uni, avec une vitesse uniforme et modérée, la marche est beaucoup moins fatigante que lorsque le terrain est mouvant, peu résistant, comme le sable, le gazon. Si on descend une rampe, les efforts que l'on fait pour résister à la vitesse qui tend à s'accélérer, donnent après un certain temps des crampes dans les cuisses. Quant à la marche pour gravir une côte, il faut procéder avec lenteur, ne pas raidir le jarret et *courir des bordées*. C'est un mode de progression qu'il faut apprendre des montagnards, pour pouvoir le continuer sans trop de fatigue. Ceux qui ont l'habitude de la marche font des choses qui étonnent les personnes qui ne sont pas au courant de ce que peut l'exercice. Quand on doit faire un long voyage à pied, il faut s'y préparer un mois à l'avance, en faisant chaque jour une course dont on augmente progressivement la longueur. C'est ainsi que le Ier jour on peut parcourir huit kilomètres, le second dix et ainsi de suite ; en procédant de cette manière, un homme ordinaire peut arriver à faire de 35 à 40 kilomètres par jour, et cela pendant plusieurs jours de suite, sans trop se fatiguer. C'est un mode de voyager que je vous conseille beaucoup, mais, pour le faire avec plaisir et avec fruit, il faut être plusieurs, ne pas s'embarrasser de trop de bagages et avoir étudié à l'avance les pays que l'on se propose de visiter. La marche est un bon exercice pour ceux qui ont une vie sobre et sédentaire, mais il n'est pas assez violent, assez énergique, pour des jeunes gens forts, vigoureux et bien nourris.

La course. — C'est un exercice musculaire très-énergique, qui met en jeu presque tous les muscles de l'organisme. Il accélère la respiration et la circulation, c'est le moyen par excellence pour produire la calorification. La course sur un plan incliné, vers le point le plus bas, présente des dangers. La chute est rendue plus facile et aussi plus grave, à cause de l'accélération de la vitesse qu'il n'est pas toujours facile de modérer.

Le saut. — Il y en a plusieurs espèces. 1º le saut sur place ; 2º le saut à pieds joints, soit en avant, soit en arrière, soit de côté ; 3º le saut en longueur que l'on effectue en prenant un élan ; 4º le saut de haut en bas. C'est un exercice violent et énergique, auquel il ne convient de se livrer qu'avec mesure et prudence. Une chose qu'il ne faut jamais perdre de vue, et dont l'oubli peut entraîner des accidents mortels, c'est d'amortir le choc en se laissant tomber toujours sur la pointe des pieds et le corps plié en zig-zag.

La chasse. — C'est un exercice excellent parce qu'il met en jeu plusieurs facultés, les muscles d'abord, puis l'intelligence un peu, enfin la vue. C'est une occupation à laquelle je vous conseille de consacrer vos vacances ; elle aura le double avantage de vous arracher peut-être à de mauvaises habitudes, et ensuite de fortifier votre santé, mais ne maniez pas votre fusil avec trop d'étourderie, soyez très-prudents.

J'arrive à d'autres exercices plus en rapport avec la vie de collège, ce sont les jeux de *balle*, de *paume* et de *barres*. Vous connaissez tous la manière de procéder dans ces différents genres de récréation, je n'ai pas à vous les décrire ; seulement je cherche les motifs qui les ont fait tomber en désuétude parmi les grands élèves. Je ne les trouve pas. Serait-ce que vous vous jugez trop *grands garçons ?* Je ne puis le croire, cette manière de voir étant profondément ridicule; vous n'êtes pas dans un âge où l'on s'expose de gaîté de cœur à la moquerie. Je ne veux pas chercher plus longtemps et je vous laisse le mérite de deviner le sphynx. Quand vous aurez trouvé l'énigme, étranglez le monstre et revenez à ces jeux qui ont fait les délices et la santé de ceux qui vous ont précédés dans cette maison. N'oubliez pas que la vigueur des jeunes gens réside en grande partie dans le développement parallèle et harmonique des facultés physiques et des facultés intellectuelles. Réalisez autant qu'il est en vous le vœu que Juvénal adressait aux dieux.

Orandum est ut mens sana sit in corpore sano.

Ce n'est qu'à cette condition que l'homme est complet autant qu'il peut l'être.

Gymnastique. — On appelle ainsi l'art d'apprendre à tous les organes de la vie de relation à fonctionner, tantôt seul, tantôt plusieurs ensemble, avec le moins de dépense possible et la production la plus considérable d'effets utiles. Il y a donc une gymnastique des muscles et une gymnastique de l'intelligence.

Gymnastique des muscles. — Cet exercice se compose de mouvements partiels ou de mouvements généraux que l'on exécute, soit sans le secours d'objets extérieurs, soit en se servant d'instruments ou d'appareils de différentes espèces, ce sont: la corde, la perche, le mât, les échelles, etc., etc. Je n'ai pas à vous détailler ici tous les exercices dont se compose la gymnastique, seulement je ne saurais trop vous recommander cet exercice. C'est un très-bon moyen de fortifier votre santé, de vous donner de l'adresse, de l'agilité, ce qui, dans plusieurs circonstances, vous rendra de signalés services.

Exercices spéciaux. — On comprend sous ce titre, la natation, l'équitation, l'escrime, la danse.

Natation. — L'homme, disent certains auteurs, n'est pas organisé pour nager. Autant vaudrait affirmer qu'il n'est pas fait pour aller à cheval, faire des armes, en un mot pour aucun des exercices qu'il ne peut exécuter qu'après un apprentissage qui demande tout à la fois du temps, de l'aptitude et du travail. La seule chose qui soit vraie, c'est qu'à l'inverse de certains animaux qui le font naturellement, l'homme est obligé d'apprendre à nager. Pour lui, la natation est un art. Les efforts, que l'on est obligé de déployer dans cet exercice, dépendent de plusieurs circonstances. 1º Du poids spécifique du nageur. 2º De la nature de l'eau dans laquelle il est plongé et de l'état statique du liquide, s'il est en repos ou bien en mouvement. 3º Du mode de natation.

Poids spécifique. — La densité moyenne de l'homme varie beaucoup avec les individus. Celui qui est replet, doublé d'une couche plus ou moins épaisse de tissu graisseux, pèse spécifiquement moins que s'il était dans des conditions opposées. Dans le premier cas, quand il nagera, n'ayant presque pas de travail à faire pour flotter, toutes ses forces seront employées à progresser. Au contraire, s'il est maigre, sa densité l'emportant sur celle de l'eau, demandera plus d'efforts pour pouvoir se maintenir à la surface, ce qui diminuera d'autant ceux qu'il emploie à la progression. Toute chose égale d'ailleurs, un individu gras nage plus facilement et se fatigue moins que celui qui est maigre.

La nature de l'eau facilite, dans une certaine mesure, la natation. En effet, l'eau de la mer étant plus dense que l'eau douce, diminue un peu les efforts que le nageur doit faire pour se maintenir en équilibre. J'ai bien vu quelque part que l'on a émis l'opinion suivante ; que la nage est plus facile dans un bassin très-profond que dans un autre qui l'est moins. Jusqu'à ce que l'on ai donné les raisons scientifiques de cette proposition, je maintiens que l'on nage aussi bien quand il y a deux mètres d'eau que lorsqu'il y en à 15 ou 20. La théorie des corps flottants est là pour me donner raison. Il n'en est pas de même quand l'eau est calme, ou qu'elle est agitée ou courante. Dans une eau calme, la nage peut se faire dans toutes les directions et la progression n'est due qu'à celui qui nage. Si le nageur se met dans un courant, d'abord il flotte plus facilement et les efforts de progression sont presque nuls. Mais s'il remonte le courant, le travail est plus pénible et, dans quelques circonstances, tout à fait inutile. Il faut une grande expérience des lieux et une grande sûreté de soi-même pour nager dans un courant, soit pour le descendre soit pour le remonter.

Mode de natation. — La dépense de force que fait le nageur dépend du mode de natation. Nager à la manière des grenouilles est peut-être la meilleure méthode quand on se ménage, cependant il est bon pour reposer les muscles extenseurs du cou, de se mettre quelquefois sur le dos, ou bien encore, de faire une longue inspiration et de se tenir dans la position verticale, en ne faisant avec les mains que les mouvements nécessaires pour flotter.

La natation est un des exercices les plus salutaires que l'on puisse prescrire aux jeunes gens. Indépendamment des effets produits par l'eau fraîche, elle fortifie les muscles sans beaucoup de dépense, puisque la transpiration ne peut avoir lieu. Un homme qui ne sait pas nager n'est pas complet, la natation doit entrer dans l'éducation avant l'escrime et la danse. Une chose qui me surprend beaucoup, c'est qu'un grand nombre de marins ne savent pas nager.

Équitation. — Dans cet exercice, les mouvements que le cheval transmet au cavalier sont avec la vectation d'ensemble, des secousses qui produisent un effet favorable sur plusieurs fonctions de la vie végétative. Pour qu'il en soit ainsi, il faut savoir monter, et l'allure du cheval ne doit être ni trop violente ni prolongée. Ce sont là des questions de mesure qui ne peuvent se décider que pour chaque personne en particulier. Celui qui sait très-bien aller à cheval ne se fatigue presque pas, il n'en est pas de même du novice. Il y a plusieurs précautions à prendre pour celui qui monte à cheval; le pantalon de toile vaut mieux que celui de drap, il doit être collant et ne pas faire de plis ni aux cuisses ni aux fesses. De cette manière on évite en grande partie les rougeurs et les écorchures qui se produisent à la partie interne des cuisses, chez ceux qui montent un cheval aux allures brusques et saccadées. Le cavalier maigre agira prudemment de se soutenir le ventre avec une ceinture, elle ne doit pas être trop serrée et avoir une certaine largeur.

L'exercice du cheval est sans nul doute un moyen de fortifier les constitutions débiles. Ceux qui ont une bonne santé doivent en user avec modération, s'ils ne veulent acquérir un embonpoint désagréable. Un cavalier doit éviter avec soin tout ce qu'on peut appeler les *tours de force;* ce sont autant d'inutilités qui ne prouvent rien en faveur de son habileté, et qui l'exposent, lui ou le cheval, et souvent tous les deux, à de graves accidents.

Pour devenir habile cavalier, il faut connaître son cheval et peut-être les mœurs des chevaux. C'est une étude qu'il faut faire avec beaucoup de prudence. Avec ces animaux, on n'est jamais trop sur ses gardes pour éviter soit les ruades, soit les morsures et les coups de tête. Je ne dois pas oublier une dernière recommandation, c'est de vous méfier beaucoup d'un cheval malade; on peut guérir d'un coup de pied, d'une morsure, mais jusqu'ici, personne n'est guéri de la *morve* ni du *farcin.* Ce sont là des maladies virulentes qui font périr quelques palefreniers. Pour terminer ce que j'ai à vous dire sur ce sujet, on ne doit pas conseiller l'exercice du cheval aux personnes replètes et d'un gros appétit. Ce qui leur convient, ce sont les promenades à pied et quelques heures de sommeil seulement.

Escrime. — Au sujet de cet exercice, je dois vous témoigner ma surprise de ne pas le voir plus en vogue parmi vous. Avec la gymnastique, il devrait occuper la plus grande partie de vos récréations d'hiver, comme l'équitation et la natation se partageraient vos loisirs de la belle saison. L'escrime met en action presque tous les muscles du corps, elle donne de la justesse et de l'agilité aux mouvements. Le désir de rester vainqueur prolonge la résistance à la fatigue; l'imprévu de l'attaque, les surprises tiennent l'esprit en éveil. On reproche à l'escrime de faire courir des dangers; à ce compte là, nous devrions vivre cachés dans des casemates. Des hommes se sont cassé un membre en tombant dans leur chambre, d'autres ont été tués par une tuile tombée d'un toit au moment où ils passaient dans la rue, etc., etc. Après les dangers vient le reproche de rendre le corps asymétrique par le développement exagéré de la partie droite; ce reproche est mal fondé ; la chose peut arriver tout au plus chez ceux qui en font leur profession et encore, je soupçonne fort que l'on ait pris pour un accident ce qui est naturel chez presque tous les hommes, mais à des degrés variables : c'est que la moitié droite est toujours plus forte que la gauche. L'hygiène ne peut que gagner à voir se généraliser davantage l'exercice des armes dans toutes les maisons où l'on s'occupe de l'instruction des jeunes gens.

Danse. — La danse comprend des exercices si nombreux et si variés, qu'il est très-difficile de les décrire d'une manière générale. Chaque nation, chaque pays a ses danses particulières, caractéristiques. La *Bourrée* d'Auvergne est une danse très-gracieuse quand elle est bien exécutée. La danse réunit, en général, les trois exercices suivants, la marche, la course et le saut, qui se font suivant un rythme déterminé. Je déclare que la danse, comme elle se pratique aujourd'hui dans les salons et les soirées dansantes, n'est aucunement hygiénique, bien loin de là. Le personnel y est beaucoup trop nombreux, l'air confiné s'y trouve rapidement vicié par les émanations et par les parfums dont se couvrent les danseuses et bien souvent les danseurs. La chaleur que produit le luxe de l'éclairage rend bientôt la température insupportable, enfin, le bal se prolonge trop longtemps, quelquefois jusqu'au lendemain. Il faut voir vers les 4 ou 5 heures du matin, les physionomies et les toilettes de ces danseurs et de ces danseuses. Toutes ces figures sont tirées, abattues ; on se fait d'une partie de plaisir, qui pouvait être utile, une occasion de se fatiguer outre mesure. Dans de telles circonstances la danse est anti-hygiénique, pour toutes les raisons déjà énumérées, ensuite parce qu'en sortant du bal, tout couvert de sueur, on est exposé à un refroidissement subit. Les fluxions de poitrine contractées dans ces circonstances ne sont pas rares, et il se passe peu de carnavals, lorsqu'il y a eu des soirées dansantes, où l'on n'entende les propos suivants : Mlle une telle vient de mourir d'une fluxion de poitrine qu'elle a contractée en sortant du bal de M. X. La danse est un exercice utile, mais à la condition qu'elle aura lieu en plein air, ou dans des salles très-vastes, bien aérées et ne se prolongera pas trop pendant la nuit.

Billard. — Voilà un exercice que je préfère de beaucoup à la danse, comme elle se pratique à notre époque. Le jeu du billard met en action presque tous les muscles du corps. Les bras, les jambes, le buste sont obligés d'agir. Il n'y a pas beaucoup d'efforts à produire, j'en conviens, mais il habitue le joueur qui veut devenir habile, à mettre beaucoup de rectitude dans le coup-d'œil et une grande précision dans certains mouvements du bras. Malheureusement, c'est une récréation que je ne puis vous conseiller à cause des graves inconvénients qu'elle présente. En effet, on ne peut guère jouer au billard que dans les cafés et les estaminets où l'on se trouve plongé dans une atmosphère viciée par l'encombrement et par la fumée du tabac, et ce qui est pire, on est exposé aux sollicitations de se livrer à des excès de boissons. Vous comprenez, d'après ce que je viens de dire, que lorsque vous serez dans une maison où se trouve une salle de billard, vous pourrez largement vous en servir.

Tabac. — Messieurs, vous m'avez demandé quelle est mon opinion sur l'usage du tabac. C'est une idole aux pieds de laquelle j'ai brûlé bien des cigares. Aujourd'hui, j'ai complètement déserté ses autels. C'est une raison de plus pour rester juste à son égard. Je vous déclare que je dirai franchement quelle est ma manière de voir.

Le tabac entre dans la consommation sous trois formes différentes ; il est plus exact de dire qu'il y a trois manières d'en faire usage. On le chique, on le prise et on le fume. Je ne sais quelle est l'influence de la *chique* sur la santé, mais je déclare que cette manière d'employer le tabac n'est pas du tout *bon genre* et que les personnes qui ont cette habitude ont l'haleine tellement désagréable, que leur société ne doit pas être recherchée. En vous parlant de l'odorat, je vous ai dit combien l'usage du tabac à priser était contraire à l'intégrité spéciale de ce sens. Le tabac à fumer est le seul qui soit en cause pour le moment. Je vous avoue franchement que, sous le rapport de l'hygiène, je ne trouve pas le procès que l'on fait à cette plante suffisamment instruit. Parmi ceux qui se sont donné le soin de décider la question, les uns me semblent ne pas apporter tous les éléments nécessaires à la solution, les autres n'ont pas su se donner toute l'indépendance qui convient pour faire accepter une décision. C'est ainsi que des médecins accusent la pipe d'être la cause du cancer de la lèvre. (Roux, M. Bouisson). Écoutez leur raisonnement. Cette sorte de cancer est quatre à cinq fois plus fréquente chez l'homme que chez la femme, donc la pipe en est la cause. S'il n'y avait parmi ces cancéreux que ceux qui se servent de la pipe, l'argument aurait un peu de valeur, mais il y a des individus qui n'ont jamais fumé. J'accorde sans difficulté que cette maladie est plus fréquente chez l'homme que chez la femme. En était-il autrement avant l'usage du tabac?

Si je disais, moi, que c'est l'abus des liqueurs alcooliques qui, étant beaucoup plus répandu chez l'homme que chez la femme, est la cause de ce cancer, que me répondrait-on ?

A côté de ceux qui l'accusent de troubler les fonctions digestives, il y en a d'autres qui soutiennent, qu'après un bon dîner, il n'y a rien de supérieur à une pipe, ou bien à un cigare pour faciliter la digestion. Les ennemis déclarés du tabac disent sur tous les tons qu'il oblitère l'intelligence et obscurcit la mémoire; ses adorateurs, les fanatiques, ne peuvent travailler que le cigare à la bouche, ils n'ont d'inspiration que dans l'atmosphère d'une tabagie. La question hygiénique ne peut être facilement dégagée de toutes ces affirmations en sens opposé et qui restent à l'état d'affirmations simples, dénuées de preuves positives. Le grand inconvénient du tabac est de faciliter l'oisiveté, de la rendre supportable, et de l'empêcher de peser de tout son poids sur certains hommes. C'est là, jusqu'à présent, le seul reproche que je puisse lui faire en toute connaissance de cause. Cela me suffit pour en proscrire complètement l'usage.

TABLE.

1re LEÇON. page 5

De l'hygiène, son but, ses moyens.

Des agents atmosphériques au point de vue de leur influence sur la santé, (air, lumière, chaleur, électricité, sécheresse, humidité, vents).

Altérations principales de l'air, (climats, endémies, épidémies).

2me LEÇON. page 23

Des habitations (sol, exposition, ventilation, chauffage, éclairage, propreté).

Causes d'insalubrité, vêtements, modifications selon les âges, les saisons les climats, les temps.

Soins du corps: Cosmétiques, bains de propreté en général.

3me LEÇON. page 39

Aliments, (nature et qualité des divers aliments, leur appropriation aux âges, aux tempéraments, aux professions, aux climats); Conditions d'une bonne digestion.

Conserves alimentaires. Altérations et falsifications des aliments. Régime alimentaire.

4me LEÇON. page 51

Boissons; Eaux potables et leurs caractères, leurs altérations, moyens de les prévenir et de les corriger. Conservation des eaux potables.

Boissons fermentées, vin, cidre, bière, spiritueux, liqueurs, café, thé.

5ᵐᵉ LEÇON.   page 67

Hygiène des sens ; veille et sommeil. Travaux intellectuels et manuels.

6ᵐᵉ LEÇON.   page 81

Exercice et repos : Gymnastique, exercices spéciaux : (Natation, équitation, escrime, danse.)

Clermont-Ferrand, Typ. Ducros-Paris.

www.ingramcontent.com/pod-product-compliance
Lightning Source LLC
Chambersburg PA
CBHW070300100426
42743CB00011B/2289